鵬舉的忠魂

岳飛

廖炳焜　著

三民書局

獻給孩子們的禮物

主編的話

世界上最幸福的孩子，是他們一出生就有機會接近故事書，想想看，那些書中的人物，不論古今中外都來到了眼前，與他們相識，不僅分享了各個人物生活中的點滴，孩子們的想像力也隨著書中的故事情節飛翔。

不論世界如何演變，科技如何發達，孩子一世幸福的起源，仍然來自於父母的影響，如果每一個孩子都能從小在父母親的懷抱中，傾聽故事，共享閱讀之樂，長大後養成了閱讀習慣，這將是一生中享用不盡的財富。

三民書局的劉振強董事長，想必也是一位深信讀書是人生最大財富的人，在讀書人口往下滑落的多元化時代，他仍然堅信讀書的重要，近年來，更不計成本，連續出版了特別為孩子們策劃的兒童文學叢書，從「文學家」、「藝術家」、「音樂家」、「影響世界的人」系列到「童話小天地」、「第一次」系列，至今已出版了近百本，這僅是由筆者主編出版的部分叢書而已，若包括其他兒童詩集及套書，三民書局已出版不下千百種的兒童讀物。

劉董事長也時常感念著，在他困苦貧窮的青少年時期，是書使他堅強向上，在社會普遍困苦，而生活簡陋的年代，也是書成了他最好的良伴，他希望在他的有生之年，分享這份資產，讓下一代可以充分使用，讓親子共讀的親情，源遠流長。

「世紀人物100」系列早就在他的關切中構思著，希望能出版孩子們喜歡而且一生難忘的好書。近年來筆者放下一切寫作，接下這份主編重任，並結合海內外有心兒童文學的作者共同為下一代效力，正是感動於劉董事長致力文化大業的真誠之心，更欣喜許多志同道合的朋友，能與我一起為孩子們寫書。

　　「世紀人物100」系列規劃出版一百位人物故事，中外各占五十人，包括了在歷史上有關文學、藝術、人文、政治與科學等各行各業有貢獻的人物故事，邀請國內外兒童文學領域專業的學者、作家同心協力編寫，費時多年，分梯次出版。在越來越多元化的世界中，每個人都有各自的才華與潛力，每個朝代也都有其可歌可泣的故事，但是在故事背後所具有的一個共同點，就是每個傳主在困苦中不屈不撓，令人難忘的經歷，這些經歷經由各作者用心博覽有關資料，再三推敲求證，再以文學之筆，寫出了有趣而感人的故事。

　　西諺有云：「世界因有各式各樣不同的人群，才更加多采多姿。」這套書就是以「人」的故事為主旨，不刻意美化傳主，以每一位傳主的生活經歷為主軸，深入描寫他們成長的環境、家庭教育與童年生活，深入探索是什麼因素造成了他們與眾不同？是什麼力量驅動了他們鍥而不捨的毅力？以日常生活中的小故事，來描繪出這些人物，為什麼能使夢想成真。為了引起小讀者的興趣，特別著重在各傳主的童年生活描述，希望能引起共鳴。尤其在閱讀這些作品時，能於心領神會

中得到靈感。

　　和一般從外文翻譯出來的偉人傳記所不同的是，此套書的特色是，由熟悉兒童文學又關心教育的作者用心收集資料，用有趣的故事，融入知識，並以文學之筆，深入淺出寫出適合小朋友與大朋友閱讀的人物傳記。在探討每位人物的內在心理因素之餘，也希望讀者從閱讀中，能激勵出個人內在的潛力和夢想。我相信每個孩子在年少時都會發呆做夢，在他們發呆和做夢的同時，書是他們最私密的好友，在閱讀中，沒有批判和譏諷，卻可隨書中的主人翁，海闊天空一起遨遊，或狂想或計畫，而成為心靈知交，不僅留下年少時，從閱讀中得到的神交良伴（一個回憶），如果能兩代共讀，讀後一起討論，綿綿相傳，留下共同回憶，何嘗不是一幅幸福的親子圖？

　　2006 年，我們升格成為祖字輩，有一位朋友提了滿滿兩袋的童書相送，一袋給新科父母，一袋給我們。老友是美國國家科學院院士，曾擔任過全美閱讀評估諮議委員，也是一位慈愛的好爺爺，深信閱讀對人生的重要。他很感性的說：「不要以為娃娃聽不懂故事，我的孫兒們一出生就聽我們唸故事書，長大後不僅愛讀書而且想像力豐富，尤其是文字表達能力特別強。」我完全同意，並欣然接受那兩袋最珍貴的禮物。

　　因為我們同樣都是愛讀書、也深得

讀書之樂的人。

　　謹以此套「世紀人物 100」叢書送給所有愛讀書的孩子和家庭，以及我們的孫兒——石開文，他們都是世界上最幸福的孩子，因為從小有書為伴，與愛同行。

宋高宗曾經問岳飛：「要怎樣做，天下才能太平？」

岳飛回答：「文官不愛錢，武官不怕死，天下自然太平。」

岳飛的這句真知灼見，是何等的氣魄啊！

當主編問我：「你準備寫哪一位歷史人物？」我毫不考慮的回答：「岳飛。」

岳飛的事蹟和故事，早已經是家喻戶曉，我只不過改以小說的形式，並且盡量用兒童能理解的文字來敘述。

這本《鵬舉的忠魂：岳飛》是描寫南宋抗金名將岳飛的故事。前半段，從岳飛的母親帶著岳飛坐水缸逃生開始，然後是岳飛拜師學藝，努力奮發的經過；著重在岳飛怎樣鍛鍊自己，成為一個允文允武的軍事奇才。中段，側重在岳飛投身軍旅，率軍剿匪抗金，屢破金兵又屢受昏君奸臣牽制的心路歷程。後段，則集中在岳飛如何一次又一次的拯救南宋滅亡的危機，最後卻因功高震主，受到秦檜等人誣陷，終至冤屈而死。

岳飛死時年僅三十九歲，可說是正值壯年，最可以為國家社會奉獻才學的黃金時期。他不僅是帶兵打仗的軍事天才，更是一個文武兼備的儒將（從他寫的〈滿江紅〉中，就可看出他的文學造詣）。岳飛三十三歲就手握龐大軍權，他所帶領的岳家軍不但紀律森嚴，所過之處，更是絕對嚴守助民、愛民、不擾民的軍令。所以「岳元帥」不僅在戰場上讓敵人聞之喪膽，在國內也贏得了百姓的愛戴。

　　大金的四太子，也就是伐宋的大元帥──兀朮，每次遭遇岳家軍都吃盡苦頭，他曾經說：「撼江山易，撼岳家軍難。」沒料到，岳飛竟然不是死於和敵軍廝殺的戰場，而是亡於自己人（秦檜或者說是宋高宗）的手上，怎不令人憤慨！身為本書的撰述者，每當寫到昏君奸臣對岳飛的百般掣肘，總是停筆三嘆，久久不能自已。

　　後代有人認為岳飛的「忠」是「愚忠」，因為，當飛就要驅逐金兵、恢復大宋河山時，宋高宗下了十二道金牌將他調回，此時的岳飛大可以「將士在外，君命有所不受」為理由，不理會這個昏君的命令，繼續揮軍北上。作者卻認為這樣發展，有兩種可能的後果：

　　一、事成，大宋江山恢復，但是功勳蓋國的岳飛，在大宋子民心中的地位，必定凌駕宋高宗之上，試問：心胸狹窄的宋高宗，怎

會容許三十幾歲就位居「中興老臣」的岳飛存在？

　　二、事敗，不但江山不能收復，岳飛勢必背負敗軍之將的罪責，更難脫宋高宗和秦檜等人的大刑伺候。

　　如果岳飛真的抗命，不論事成、事敗，想必後代歷史的記載，岳飛恐怕早已和那些擁兵自重的軍閥沒什麼兩樣了！

　　既然堅持北伐，勝利在望，為什麼接到十二道金牌，仍要撤兵？大家要知道，岳飛從小受的就是「盡忠報國」的家教，身為一個軍人，他只不過做一個軍人分內應當做的事罷了。

　　岳飛是一個絕頂聰明的人，每當岳家軍大敗金兵想乘勝追擊時，總會受到朝廷的牽制。他很清楚宋高宗要他「為大宋北伐是假」，「鞏固高宗帝位是真」。岳飛當然也明白自己處境的艱險，北伐大事，可說是成也危險，敗也危險。既然如此，岳飛何必繼續淌這混水？

　　孔子說過：「用之則行，捨之則藏。」（國家要用我，我就好好盡力；國家要是不用我，就把自己隱藏起來，退隱去吧！）沒錯，岳飛對朝廷的昏君奸臣失望透了，所以他也幾度辭官回鄉退隱，不再過問軍政大事。無奈，每次岳飛一辭官，宋軍就不堪一擊，被金兵打得灰頭土臉。這時，只要宋高宗再捎個信，派人向岳飛告急說：「金兵已

經快打到京城了，愛卿你趕快回來。」岳飛便因不忍心看國家真的亡於金人之手，只好又重回戰場退敵。

宋高宗好像吃定了岳飛，因為他知道岳飛不忍心見到天下蒼生被金兵所迫害。岳飛在那種形勢之下，連不想當官的自由也沒有。因為他太會打仗，宋高宗不敢用他；也因為他太會打仗，所以宋高宗不能不用他。就這樣，岳飛注定是一個悲壯的英雄，留給後代無數的同情，無限的敬仰，無盡的悲憤！

當這本書完稿後，作者內心的激盪仍久久無法平息。岳飛被誣陷下獄時仰天長嘯：「天日昭昭！天日昭昭！」那悲涼的聲音，在作者肺腑間縈繞不去。

歷史，是一面活生生的鏡子，我們能從這段歷史中得到什麼教訓呢？

從大的方面來說，在那個專制的時代，國家興亡，百姓的禍福全繫於一人（帝王）之手，沒有人有選擇的權力。而身處於 21 世紀的今天，我們應該珍惜民主、善用民主，選出優秀的人才為國家社會服務，為百姓謀求幸福，讓更多的「岳飛」出頭天。

從小的方面來說，雖然

有人認為這是一個叢林的社會，只要有人，就會有權力的鬥爭。但是，這也是一個文明的社會，難道還要讓各行各業的「岳飛」受到忌妒或排擠？還是我們願意把人性昇華，願意以更寬闊的心胸，去接納、去欣賞、去重用那些比我們更有才華的人呢？

　　願國家不再有含冤的忠魂！

　　願社會不再有埋沒的英才！

寫書的人

廖炳焜

　　1961 年生，臺南縣人，是一個小時候愛聽故事，現在愛講故事的「中年兒童」。從兒童文學研究所畢業後，現在更喜歡寫故事給兒童看了。寫過小說、童話、兒歌，也得過不少文學獎。白天，是一個熱愛兒童文學的國小老師；晚上則教導一些「準老師」怎麼帶孩子讀書。

　　小時候讀到岳飛的故事，就為岳飛深深感到不平。因為深刻體會過那種蒙受冤屈，正義不得伸張的心境，所以，就寫下了這本《鵬舉的忠魂：岳飛》。

鵬舉的忠魂

岳飛

世紀人物
100

岳　飛

1103～1141

1 母子逃難・隨波浮沉

　　1103 年，春夏交接的季節，決口的黃河又氾濫成災。洶湧的黃河，滾滾的濁水，正轟隆轟隆的沖潰兩岸的堤防，滔滔的往中下游的農田村莊席捲而去。

　　在距離黃河不遠的相州湯陰縣內，岳和一家剛剛慶祝過老來得子的彌月之喜，全家還沉浸在喜氣洋洋的氣氛中，完全不知道兇惡的洪水已經來到家門口。

　　「咦！什麼聲音哪？轟隆轟隆的！」岳和被驚醒過來。

　　岳和的妻子姚氏也醒了過來，發現濁黃的河水已經沖進屋裡，驚慌的抱起身邊的嬰兒起身。

　　「大家快逃啊！黃河決口了！黃河決口了！」村民的吶喊聲傳進屋裡。

「夫人！我們快帶著飛兒逃吧！」岳和扶著妻兒衝出門口，一股強勁的洪流迎面沖來，岳和差一點滑落水裡。

「怎麼辦？怎麼辦？」姚氏心急如焚。

一時間，岳和也慌得沒了主意。

兩人正著急時，不知從哪裡漂來了一個大水缸，岳和急中生智，趕緊伸手抓住水缸，往水缸裡一探，發現缸裡沒有水，便對姚氏說：「夫人，快！快坐進水缸裡。」

姚氏知道丈夫的用意，但是，心裡又怎捨得和丈夫分開逃命去，何況這水缸不知是否真的能保住她母子二人的性命。可是丈夫卻連讓她猶豫的時間都沒有，催促著她：「到了這種地步，只能求老天保佑你們母子兩人了，我會設法和你們團聚的。」

洪水繼續升高，姚氏不再遲疑，緊緊抱著懷中的嬰兒，坐進水缸裡。母子剛坐好，岳和一鬆手，一股強勁的水流，便把水缸沖得好遠好遠。

「夫人！妳可要小心哪！」

岳和望著急漂而去的水缸，大聲叮嚀著。就在這時，岳和一個重心不穩，雙腳一滑，掉到水裡去了。

大水缸在滾滾濁水中載浮載沉，隨波逐流。坐在大水缸裡的姚氏，看著缸外一望無際的水世界，不時的閉上眼睛祈求著：「老天爺！求您保佑我母子兩人啊！我懷裡可是岳家唯一的命根子哪！求求您，救救這個可憐的孩子吧！」

是的，這小嬰兒正是岳家唯一的兒子──岳飛。

岳和和姚氏結婚二十幾年，夫妻倆不知訪過多少佛堂廟宇，

求過多少仙丹妙藥，到了雙鬢漸白，仍然盼不到一個孩子。

或許是老天不忍看到這對善良、恩愛的夫妻老來無伴，終於讓他們在上個月喜獲麟兒。令人嘖嘖稱奇的是，這可愛的小嬰兒出生的當天晚上，岳和親眼目睹一隻大鵬飛過岳家屋頂。就在大鵬高亢的鳴叫數聲後，凌空消失在夜色之中的同時，屋內即傳來了「哇！哇！」的嬰兒哭聲。

「生了！生了！是個男孩呢！」屋內洋溢著一片喜氣。

因為有這樣的吉祥徵兆，岳和特地將這寶貝兒子命名為「飛」，字「鵬舉」。希望他將來鵬程萬里，遠舉高飛，為國家社會做一番大事業。

岳飛哪知道，他才出生滿月就遭逢這場漫天蓋地的大洪水；他更不知道，剛滿月的他，就要經歷這一場人世間的生離死別。

　　岳飛這孩子好像天生就有異於常人的膽魄，他靜靜的熟睡在母親的懷裡，對這場驚濤駭浪的災難一點也不驚慌。

　　姚氏雖然已經非常疲憊、恐懼，但還是不敢閉上眼睛稍稍休息。四周傳來的，盡是滔滔的水聲，她深怕自己一不留神，他們母子就會連同水缸被捲進無情的洪水裡，成了水中冤魂。

2 他鄉獲救‧必有後福

　　姚氏緊抱著岳飛，迷迷糊糊的隨洪水往下游飄蕩。不知過了幾天幾夜，水缸行進的速度好像漸漸慢了下來。姚氏往外一看，只見水面上到處漂浮著木材、家具或是家禽家畜的屍體，但就是看不到附近有什麼村莊房舍。

　　「天啊！我們母子會被漂到哪裡去呢？要是被沖進大海……」姚氏不敢繼續想下去。

　　恐懼加上饑餓、疲累，姚氏不知不覺的昏睡過去，只是她的手還是緊緊的抱住孩子，絲毫不肯放鬆。

　　不知過了多久，大水缸終於被沖到一個不知名的村莊口，擱淺在一片大水過後的泥濘裡。姚氏恍恍惚惚的，聽到陣陣議論紛紛的聲音，將她從昏昏沉沉之中

敲醒。

「你們看！水缸裡有人呢！」

「咦！是個女人家。呵！還抱著一個娃兒哩！」

「不知是死還是活呢！叫叫她吧！」

「這位大娘，醒醒哪！大娘，醒醒哪！」

姚氏感覺有人搖著她的身體，她用力的睜開眼睛。

「哦！你們是……」姚氏醒來，不敢相信自己還活著。

「您是哪裡漂來的？孩子可還活著？」有位老婆婆關心的問。

聽到有人問起孩子，姚氏趕緊拍拍懷中的嬰兒。

「哇──」想不到岳飛一張開大眼睛，就放聲的哭了起來。

聽到這一聲哭，姚氏心中一塊大石頭終於落了地，忍不住掉下淚來：「謝天謝地！飛兒，我們母子得救了。」

　　眾人聽到孩子宏亮的哭聲，也大大的放了心，趕緊圍過來，七手八腳的把姚氏攪出水缸，岳飛也從姚氏手中被眾人接了出來。

　　「好一個娃兒！你看這眼神晶亮，天庭飽滿，難怪福大命大，能逃過這場大劫。」一群人熱心的爭著抱岳飛，無不稱讚岳飛圓頭大臉，長相不凡。

　　所有圍觀的人都為這對母子感到慶幸。洪水經過的村鎮，人口、牲畜死傷無數，聽到姚氏表明自己家住湯陰縣之後，大家更是覺得不可思議，一個大水缸竟然載著這對母子，安然的漂流了幾百里，抵達了河北的大明府黃縣麒麟村。

　　「這位大娘，妳就暫時安身在我們麒麟村吧！等洪水全退了，再想辦法尋找妳的家人吧。」一位中年婦人看到姚氏虛弱無

力，臉色蒼白，安慰她說。

「是呀！是呀！」眾人異口同聲的贊同。

「可……可是，我……」姚氏心想母子倆在這異鄉無親無故、衣衫襤褸，除了身邊這個大水缸，孑然一身，要如何過日子？

想到今後的處境，姚氏不禁心頭一酸，淚水啪搭啪搭的流下來。

中年婦人看到姚氏這樣傷心，趕緊安慰她說：「大娘放心，天無絕人之路。既然妳能漂到此地，表示你們母子倆和我們村子有緣，我們大家會幫妳想辦法。」

「對啦！對啦！」眾人呼應著。

就在這時，人群外傳來宏亮又慈祥的聲音：「人在哪裡？讓我看看！」

「喔！太好了！王員外到

了！」

一聽到王員外，村民們回頭一看，趕緊讓出一條通道來。從人牆裡走出了一個慈眉善目，衣著整潔的老人家。這位老人家就是平時樂善好施，麒麟村有名的大善人——王成。

王成在路上已經聽村人把姚氏的遭遇敘述清楚，來到現場看到這對可憐的母子，確實令他感到非常同情，趕緊對姚氏說：「唉！這洪水確實可怕，但夫人和令公子能活下來，也算是吉人自有天相了。」王成轉身吩咐眾人說：「快！各位快把他們攙扶到我家裡去，別讓母子倆站在那兒著涼了！」

姚氏聽了一時不知如何應答：「這……怎麼可以……」

王成看出她的心思，又接著說：「妳儘管放心，我家夠大，再多人也無妨。山珍海味是沒有，

倒還有粗茶淡飯可供你們溫飽。就算是暫時住下好了，一等到有妳家鄉的消息，再送你們母子倆回鄉，如何？」

姚氏一再遲疑，一旁的村人卻不停的勸她：「大娘，妳放心住下來吧！這王員外是本地的大善人呢！何況妳不為自己，也要為這寶貝兒子著想。」

聽到眾人提到孩子，姚氏眼眶一紅，心想：「難道我要讓飛兒和我流落在街頭？」這心中才有了主意，對王員外說：「多謝王大爺好意，那我母子只好暫時打擾了。」

村人們看見姚氏決定暫時在王員外家住下，都為她感到高興。一夥人前呼後擁，將姚氏送到王員外家。

姚氏帶著岳飛，在王員外家住下來。王員外的夫人和一家大小，對待他們母子倆如親人一

般，使他們無論是物質上或精神上，都能安心。只不過每當夜深人靜，姚氏仍然會從惡夢中驚醒，想起洪水來犯的那個晚上，以及被大水沖散的丈夫和家人，姚氏仍然難過得流下淚來。

3 一家團圓・重回故里

　　日子在平淡中一天天的過去，一轉眼，姚氏和岳飛已經在王員外家住了快一個月。這段日子王員外也派出一些人，往湯陰縣附近打聽，可是一直沒有岳和的消息。姚氏急著要知道家裡的情況，經常茶不思、飯不想，使得身體一天天的消瘦下去。王夫人一方面安慰姚氏，一方面也要求丈夫加派人手，繼續到相州湯陰縣，打聽黃河水退的情況和岳家的消息，以便早日送姚氏母子倆回家。

　　就在王員外動員親朋好友，幫忙打聽消息的時候，一個外地人來到了麒麟村。這個大約五十來歲的中年人，顯然經歷了長途跋涉，雖然是一臉的疲憊，但是逢人便打起精神問：「請問，您可

見過一個婦人抱著兒子，被大水沖到這兒來的？」

一位麒麟村的村民反問道：「您說的，可是一對坐在水缸裡的母子？」

一聽到水缸，中年人眼睛一亮，趕緊說：「對！對！他們母子就是坐在水缸裡的。大爺，您一定見過他們吧？」

「哈！他們母子倆真是福大命大呢！水缸竟然不沉不破，漂到我們村子口。現在母子倆已經在王員外家安頓下來了。」這位村人說得眉飛色舞，好像在報導一則剛剛發生的新聞。過了半晌，才問起這位外地人：「這位大爺，您是姚氏的……」

中年人臉上的一片烏雲早已一掃而光，趕緊回答：「姚氏正是我夫人，我叫岳和。」

「您真的是岳大爺？太好了！我們王員外找您找好久了！

快！快跟我到王員外家。」

岳和一路心情忐忑，跟著這位好心人來到了王員外家，想到就要見到自己的妻兒，一顆心都快蹦出來了。

王家僕人聽說來人就是岳和，趕緊引進大廳。

岳和看見妻子抱著岳飛，正和王員外夫妻在大廳商談事情，立刻呼喚：「夫人！」

姚氏轉頭看見丈夫，真是不敢置信，又驚又喜，迎了上去，大聲喚說：「相公，真的是你！」

看見妻子別後無恙，岳和和妻子相擁而泣，悲喜交集，又急著把岳飛抱進懷中，仔細看了又看，輕聲的對孩子說：「飛兒，真是苦了你囉！」

岳飛雖小，卻好像也感染了家人重逢的喜悅，在岳和懷裡舞動著雙手呢。

王員外夫婦看見岳和一家三

口終於團圓，也為他們高興得掉下淚來。

岳和說起自己這些日子的情形：原來那天他被洪水沖走，幸好會游泳，就順著水流尋找逃生的機會。就在自認逃生無望的時候，身邊漂來一根大樹幹，他趕緊抱住樹幹隨波逐流，最後又被沖到岸上來，才保住了性命。大水退去後，岳和沿著黃河，一村找過一村，一戶問過一戶，就是找不到妻兒的蹤影。正傷心難過的時候，想不到就在這麒麟村和妻兒重逢。

岳和敘述自己的遭遇後，又雙手合十，虔誠的說：「老天保佑！老天保佑！」

姚氏拉過丈夫的手，說：「多虧了王員外好心收留，否則我們母子恐怕現在還流落街頭呢！」

岳和趕緊轉身拱手對王員外說：「多謝王員外這些日子來對我

妻兒的照顧，您真是我岳家的大菩薩。」

王員外笑著說：「哪裡！哪裡！應該說是我和您一家人有緣呢！岳先生您就在我這裡休息幾天吧！」

和妻兒重逢的岳和，一心只想早日回鄉重整家園，只好客氣的說：「大水過後，為了尋找妻兒，一直讓家園荒廢。現在只盼早日回去重建家園，實在不好意思繼續在這裡打擾。」

王員外和夫人知道岳家三口歸心似箭，只好吩咐家人為他們準備行李和乾糧，讓他們在路上充饑。

王員外等人送岳和一家人到了村子口，王夫人特別又拍拍襁褓裡的岳飛，對姚氏說：「這孩子天庭飽滿，福大命大，一定要好好教育，將來必是國家棟梁之材。」

　　岳和千謝萬謝，和麒麟村的
村民們揮手道別，帶著妻兒急急
上路，奔回故鄉湯陰縣。

4 篳路藍縷・重整家園

　　歷經長途跋涉，岳和帶著妻兒終於回到故鄉。但是，觸目所見，滿目瘡痍。房舍一間間倒塌在爛泥裡，農田也被大水沖得面目全非，村莊人口所剩無幾，到處是一片淒涼。岳和夫妻倆面對這樣的景象，知道無論如何，一定要先有一個遮風避雨的地方。於是，姚氏背著岳飛，和丈夫一起搬運竹子、木材、茅草，先架起一個簡單的房屋結構，再搭成一間非常簡陋的住家。

　　回到家鄉的日子，白天，岳和去整修流失的農田，姚氏則在住家附近找塊空地種些蔬菜，或背著岳飛出去撿拾野菜回來，充當三餐。

　　漸漸的，有些流浪在外的村人回來了，破敗的村子慢慢的有

了一點點的人氣。但是，水災過後，糧食非常短缺，岳家和所有的村人一樣，雖然勤奮工作，仍是過著三餐不繼的生活。

照道理，黃河水患使百姓流離失所，朝廷應該展開救災行動，並開放穀倉發放米糧，但是，在位的徽宗皇帝重用蔡京、蔡攸父子，他們只知道貪贓枉法，不管百姓死活。所有的賑災款項幾乎都落入了不肖的官員口袋，災民們只好繼續在飢餓的邊緣討生活。

而北方的遼金兩大強國，又不時對大宋發動戰爭，宋朝皇帝卻只能頻頻割地、賠款求和，使得老百姓的生活更加水深火熱。

5 英雄少年‧初遇名師

　　光陰似箭，歲月如流水，距離上次湯陰縣被洪水肆虐，已經十三年。

　　這十三年，朝廷依舊腐敗。

　　岳和為了養活一家，雖然年歲已大，仍然得依靠自己的雙手在田裡討生活。夫妻兩人胼手胝足，總算把一個家重建得稍稍有個樣子。而那個當年和母親坐在水缸逃過水難的岳飛，已經是個懂事的十三歲少年。

　　岳飛從小喜歡讀書習武，只是家境貧寒，沒有閒錢讓他進入私塾讀書。所以完全依靠母親姚氏，找來幾本舊書教他讀寫。但是，又因為沒有錢買紙筆，就只好在沙上畫字教他寫。雖然這樣克難，岳飛卻不覺得麻煩，也在母親的教導下，學到了很多書本

裡的知識。

一個嚴冬的早晨，接連下了三天的大雪，大地上一片銀白，雪地上看不到一個腳印。這村中只有數十戶人家，房子多半是由茅草、蘆葦或是土塊搭蓋，有的還半頹半傾，十分荒寒。

村子西邊的一間土屋，茅草鋪得相當厚，左右牆腳還支拄著兩根樹椿。看得出來土牆好像剛剛修補過，比其他人家乾淨一些。門外的積雪，也好像經常打掃，只殘餘薄薄的一層雪花，一看就知道，這是一個非常勤儉的家庭。

「咿呀──」一聲，木板門開了。

岳飛穿著一身補丁的舊棉襖，頭上戴著一頂舊氈帽，從屋內走了出來。

外頭風大，岳飛回身將門板用力關緊，才急急的離開，走沒

幾步便快步奔跑起來。

　　一路上天寒地凍，岳飛頂著一陣強過一陣的西北風，往村口急奔。忽然，一陣狂風捲起地上碎雪，打得岳飛滿頭滿臉都是。這冷冽刺骨的惡寒天氣，連大人都難以承受，年僅十三歲的岳飛到底為了什麼大事，必須這樣冒著風雪出門？

　　原來，去年春天，岳飛有一次出門砍柴回來，發現村子那片柳樹林後面，開了一所學館。岳飛向人打聽，才知道館裡的周侗老師，雖然已經六十多歲，但是身體還非常硬朗；不但書教得好，還會教學生騎馬射箭和其他武藝。這件事讓岳飛著實興奮了好一陣子，有這樣的老師來教他讀書、練武，不正是自己盼望已久的事嗎？

　　岳飛進一步打聽才知道，周侗是附近幾戶有錢人家，禮聘來

教導他們子弟的。岳飛心裡很清楚：自己家連吃飯都有問題了，哪有錢請老師教他呢？岳飛不敢向父母提起拜師學藝的事情，卻常常跑到學館外的竹林裡，偷偷的看著那些幸運的孩子練武，或是躲在窗下，聽著裡面周師父講課的情形。他知道今天周師父又要學生練武，所以盡快把家裡的工作做完，趕到竹林下，看看他們練習什麼功課。

岳飛人未到，就已經聽到一陣吆喝聲。

「喝！」一個大約和岳飛同年紀的少年，雙手舞動著一雙流星鎚，雙鎚掃過就發出一陣「虎虎」的聲音，好不威風。岳飛認得這位少年，正是王大戶家的公子王貴。岳飛正看得入神，突然王貴大喝一聲，雙鎚擊向地上的一疊磚頭。

「砰！」一聲巨響，五塊磚頭

已經全部破碎。

　　岳飛暗中叫好，想不到王貴能練到這樣的神力，這周師父可真厲害。

　　「嗯！不錯！不錯！」周師父點頭稱讚，說：「換湯懷試試看。」

　　湯懷正是岳飛的玩伴，平常最愛找人打鬥。岳飛屏息注視著，想看看他要拿出什麼功夫。只見湯懷背著箭囊，持著一把弓箭，向前急奔，大約在兩百步的距離突然煞住，抽箭、轉身、拉弓，「咻！咻！」連發兩箭，兩箭都命中靶心。岳飛看得一聲「好！」差一點脫口而出。心想：「這湯懷什麼時候變得這麼厲害了！」

　　「好！好！」湯懷的兩位師兄弟大聲叫好，周師父看了也不停的點頭微笑。

　　這時輪到個子最小的張顯。張顯大步踏向前，向師父一拱

手，自信的說：「師父，看我一箭射下野雁吧！」

正巧，遠遠的天空，一隻野雁緩緩飛過，張顯拉弓搭箭，「咻！」朝那黑點射出。隨即聽到野雁一聲哀鳴，落下地來。

「嗯！有進步！」周師父露出滿意的笑容。

這三位少年獲得師父的讚美，個個臉上更是得意萬分。

突然，周侗說：「這位小兄弟，你可以出來囉！」

身邊三位徒弟感到莫名其妙，這裡除了他們師徒四個，再無別人，師父是和誰在說話？

躲在竹林裡的岳飛更是訝異，轉頭看看四周，真的沒有其他人。

「難道周師父已經發現我了？」岳飛心裡有些害怕。

「竹林裡的小兄弟，我就是在叫你啊！」周侗又呼喚了一聲。

　　「糟了！真的是在叫我！」岳飛心裡發慌，但是感覺周侗口氣並沒有責怪他偷看的意思，只好硬著頭皮走出去。

　　王貴三個師兄弟看見岳飛走了出來，又怒又羞。怒的是，岳飛竟然躲在暗處偷看他們練武；羞的是，三個人竟然都沒察覺到竹林裡有人。湯懷首先走到岳飛面前，大聲斥責：「岳飛，你怎麼可以偷看我們練武！」

　　岳飛被罵得漲紅了臉，不敢抬頭。王貴和張顯也圍了過來，現場氣氛頓時劍拔弩張起來。這時周侗趕緊說：「你們三個不要亂來。」

　　周侗走到岳飛身邊，拍拍他的肩膀，慈祥的說：「小兄弟，你看他們練武也有好長一段日子了，不知道你記得多少？」

　　「啊？我……」原來這位老前輩已經注意他很久了！岳飛大

驚，吞吞吐吐不知怎麼回答。

　　周侗好像已看出他的困窘，繼續說：「我知道你一定對練武非常有興趣，不然不會在嚴寒的天氣裡，還願意躲在林子裡看我們練武。來！比劃幾招讓我瞧瞧。」

　　「周師父，對不起，我只是……」岳飛想解釋，周侗卻已經把張顯的弓箭拿到他面前，說：「好男兒做事不要畏首畏尾、扭扭捏捏！射一支箭讓我看看！」

　　岳飛聽到周侗這番話，不再客氣，接下弓箭。這時，張顯將箭靶擺在一百步之外的大樹下，對岳飛喊道：「岳飛，你就射這個吧！」岳飛慷慨的說：「請各位指教了。」

　　說著，岳飛拔箭、拉弓，朝靶心注視半晌後，「咻！」一箭射出。大家抬頭望去，正中靶心。

　　周侗看了面露驚喜，那百步距離，岳飛竟然能一箭中的。

「我終於遇到了一個棟梁之材！」周侗心想。

其實，岳飛平日就常和父親出門打獵，射箭早有基礎，加上周侗剛才的激勵，讓他有非中不可的壓力。

「嗯，小兄弟有此神力，實在不容易。」

「周師父過獎了，我只是僥倖。」岳飛不好意思的說。

得體的談吐，讓周侗對這少年更增加了好感。當下便對岳飛說：「小兄弟對練武既然有興趣，今後可以加入王貴他們，大家一起切磋。」

岳飛一聽，滿心雀躍歡喜。周侗老師親自開口要收他為徒，他不會是做夢吧？但是一想到家裡的經濟情況，哪繳得起學費，岳飛臉上的喜色瞬間又黯淡下來。他對周侗作揖說：「周師父好意，岳飛十分感謝，只是我平日

還須為家裡工作，實在不便，請周師父見諒。」

旁邊的王貴一聽，不禁大怒，對岳飛說：「岳飛！你實在不知好歹，我師父有心收留你，你竟然——」

張顯和湯懷也大聲咆哮說：「是呀！你這個偷看別人練功的小賊！」

周侗趕緊對三人說：「你們不要無禮！每一個人都有每一個人的難處，不可勉強。岳飛，要是你改變了主意，我隨時歡迎你回來。」

周侗溫文儒雅的風度，讓岳飛在內心裡暗暗敬服，對於自己無法成為周侗的弟子，更是感到非常遺憾。神情落寞的岳飛，只好對周侗說：「岳飛出門已久，恐家中父母擔心，在此向周師父告辭了。」

「唉！」望著岳飛飛奔而去的

身影，周侗嘆了一口氣。

　　這一聲嘆息，帶著一份惋惜，也帶著一份激賞。

6 周侗愛才・喜獲高徒

　　岳飛回家後，並沒有將遇見周侗的事稟告父母。他每天依舊和父親出門種田、砍柴、打獵，閒暇時間和母親學寫字。可是他心中一直惦記著周侗的那句話：
「要是你改變了主意，我隨時歡迎你回來。」

　　「難道，我跟周師父真的無緣？」岳飛心中低迴著。

　　過了幾天，工作忙完了，父親又拿出弓箭到屋外教岳飛練習。這次父親將箭靶擺在兩百步之外的一棵樹下，隨口傳授了一些什麼「心要沉，氣要定」的要領，對著岳飛說：「飛兒，這次你就試試這樣的距離。」

　　岳飛從沒射過這麼遠的距離，但是他卻充滿信心。岳飛拉滿弓，照著父親的指點，瞄準靶

心，一箭射去，正中目標。岳和看得大喜，喝采說：「飛兒，好極了！再射一箭試試。」岳和實在不敢相信兒子進步這樣神速。

　　岳飛再開弓射出一箭，又是命中靶心。這下子岳和更是驚喜，叫岳飛後退三十步，再射一箭。只見岳飛發出一箭，「咻」的一聲，又射中靶心。岳和看出自己的兒子是個可造之材，要不是受到環境的限制，在這個亂世應該大有可為。

　　岳和看見岳飛的表現，雖然滿心喜悅，卻也夾帶著一種深沉的嘆息。

　　這時，突然屋後傳來一聲喝采：「哎呀！真是英雄出少年呀！可喜！可賀！」

　　聲音才停，一個青袍白髮的老者從屋後走了出來。岳飛仔細一看，來者不是別人，正是私塾裡的老師──周侗。岳飛趕緊趨

向前去拜見說：「原來是周師父。」

周侗笑著說：「小兄弟，這次換我偷看你練武，現在我們誰也不欠誰了。哈……」

岳和聽兒子和這位長者一來一往，自己卻像丈二金剛似的，摸不著頭腦。岳飛趕緊將前幾天的事情向父親稟明清楚，岳和聽了忙對周侗說：「犬子不懂事，如果有無禮的地方，還請周師父見諒。」

周侗卻開心的說：「哪裡哪裡，我一直好奇是哪個有德的父母，教出這麼出眾的孩子哩！自從那天一見，就非常欣賞他的氣度和才華，特別打聽到這兒來看看他。剛才看到他連射三箭，一箭比一箭精采，真是少年英雄啊！」

岳和聽到周侗這麼稱讚岳飛，心裡更是高興，於是坦白的對周侗說：「這孩子自幼就喜歡練

武，只可惜我們是平常百姓家，無力延請老師教導。所以，他也只能利用平常工作之餘，跟我隨意舞弄這些玩意兒。」

周侗聽了，馬上說：「其實，今天我也是特別為這事來和岳兄商量的。那天我問令郎可願意和我一起習武，看他雖然欣喜，卻又婉拒了我，我就知道他必定有苦衷，原來小小年紀就會替家中著想，實在難得。」

岳和說：「我知道飛兒是喜歡跟您學習的，真是難為他了。」

周侗這時朗聲說道：「得天下英才而教之，是人生一大樂事哪！怎麼可以為了金錢這種小事，錯過了這麼優秀的少年呢！岳兄您就別掛心，我一分錢也不收，就是一定要收岳飛這孩子到身邊來。」

岳和一聽，趕緊對岳飛說：「飛兒，快過來拜見師父。」

　　岳飛立刻拜倒在地，長久以來的願望終於實現，他高興得眼淚都快掉下來了。

　　這件大事也驚動了在屋內做女紅的姚氏，姚氏一聽周侗願意收岳飛為徒，欣喜得不停的向周侗作揖道謝。她早就希望能為岳飛找到一位賢能的老師，只因迫於環境不能如願。如今，知道文武兼備的周侗願意收岳飛為徒，心中自是驚喜萬分。

7 允文允武・未來棟梁

　　周侗自從收岳飛為徒之後，發現岳飛稟賦優異，為了讓岳飛的學習能更加紮實，就叫岳飛住到周家來，以便隨時指導。岳飛進了周侗門下不久，周侗又收了徐慶、霍銳為徒，加上原來的王貴、湯懷、張顯等人，每天在一起讀書練武，好不熱鬧。王貴、湯懷、張顯雖然比岳飛早入周侗門下，但是大家知道岳飛的年齡比他們大，又覺得武功和學問都不如岳飛，所以仍然推舉岳飛為大師兄。

　　周侗教書的方法也和別人不同，最重要的是師徒之間要互相提問與解答。除了教武術，周侗也教學生熟讀《左氏春秋》，目的就是要讓學生不僅武功高強，還能明辨是非、懂得做人的道

理，將來才能報效國家社會。

岳飛對於兵器武學，最鍾愛射箭和槍法，和其他師兄弟最大的不同是，除了練武之外，對於兵法和行軍打仗之學，岳飛更有興趣。每當周侗講解兵法時，王貴等人總是意興闌珊，岳飛卻聽得津津有味。周侗看到岳飛這樣的學習精神，已經暗自深信，岳飛將來必定是國家社會所倚重的人才。

光陰易過，一晃四五年，岳飛已經是一個十六七歲的青年，每日勤學用功，耐勞耐苦，藝業大進；在父母師長教養之下，文學武藝都打下極良好的根基。

一天，王貴從門外匆匆跑進來，對周侗說：「師父，好消息！好消息！」

正在讀經的岳飛和師兄弟們紛紛圍過來。

周侗冷冷的笑說：「呵！現在

大宋是外敵當前，奸臣當道，民不聊生，還有什麼好消息。」

王貴喘了一口氣說：「師父，廟口貼了告示，縣太爺將在月底舉行本縣的武生小考呢！」

「哇！太棒了！我們可以去試試看。」張顯幾乎跳起來。岳飛等人內心怦然心動，他們等這一天也等很久了。

「哦？」周侗聽了，心裡也暗自高興。幾年來，這一批學生雖然在他的調教之下，每有精進，但總是欠缺正式場合的考驗機會，現在機會終於來了。周侗故意試試徒弟們的反應，說：「嗯！這倒可算是一個好消息。只不過月底太倉促，你們的準備怎麼來得及？」

想不到一群學生已經迫不及待的回答說：「師父，您放心，鐵定來得及，我們加緊練習就是了。」

　　大家一聽師父已經答應，都高興得眉飛色舞，手舞足蹈。一方面是因為可以參加比賽，一方面可以到縣城去玩。只有岳飛，剛開始也很興奮，不久卻又神情黯然。

　　當師兄弟們都興致高昂的跑回家告訴家人這個消息，岳飛卻一人待在窗邊，心事重重的樣子。

　　不愧是了解學生的老師，周侗一眼看穿岳飛的心事。

　　「岳飛，你是不是在煩惱旅費的問題？」周侗問。

　　「師父，我想，我還是不要參加好了。」岳飛低著頭說。

　　周侗拍拍岳飛的肩膀，說：「你父母讓你來唸書習武，是為了什麼？不就是希望你有朝一日能出人頭地，為這多災多難的國家做點大事嗎？大丈夫怎麼可以為了這一點小事，輕言放棄！這

是一個很好的機會，你就跟師父去，旅費的事我來負責，倒是你也該回家向父母稟告才對。」

岳飛一聽師父的訓示，覺得好慚愧。自己這樣輕易打退堂鼓，豈不辜負了師父這幾年來栽培的苦心！岳飛抬起頭來，對師父說：「師父教訓得是，我會遵照師父的指示，而且一定贏得最好的成績回來。」

岳飛盡速回到家裡，將考試比武的事情告訴了父母。岳和夫婦聽了，心中更是感謝周侗對岳飛的照顧之情。姚氏為岳飛準備了遠行的行李，特別告誡岳飛，不要在家中多逗留，應盡速回到周師父身邊加緊練習，以便在這次考試中得到好成績，來報答周師父苦心栽培的恩情。

所以，當師弟們還留在家裡時，岳飛早已經又回到周侗身邊，苦練他的長槍和箭法。

8 比武應試・技壓群雄

　　縣府比試的前一天，周侗就已經帶著他的徒弟們抵達縣城。沒有進過城的王貴等人，紛紛要求上街逛逛，只有岳飛留在客棧休息，他要養足精神，來應付明天一早的各項挑戰。

　　第二天，師徒一行人來到比賽現場，裡裡外外都已經擠滿了人潮。

　　縣太爺坐在高高的堂上，主考官照著名冊順序唱名，被點到名字的就必須出場應試。

　　首先比的是射箭的項目。

　　周侗和徒弟們觀看別的選手射箭，每射出一箭，聽到風中的響聲，周侗就微微露出笑容。周侗看出來前幾位選手的功夫，都和自己的徒弟有一段差距。

　　終於，主考官叫到了張顯的

名字。張顯走到了定位，竟不拉弓射箭，卻轉頭對主考官說：「能不能將箭靶放遠一點？」

「什麼？你說什麼？」主考官以為自己聽錯了，因為從來沒有人會做出這樣的要求。張顯的話也引來了觀眾議論紛紛：「這小子也太招搖了吧！」

張顯卻是神色自若的說：「箭靶可以再往後挪六十步。」

「好吧！就照他的要求。」主考官下令，他倒想看看這個狂人出醜的樣子。

箭靶一放好，張顯挽弓搭箭，一枝枝將箭射出，只聽到「咻！咻！咻！」連續的響聲從大家的耳邊掠過，五枝箭不偏不倚的正中靶心，現場響起了一片驚嘆聲。前面幾位的表現，早已經讓縣太爺呵欠連連，現在終於讓他看見精采的箭術，不禁也在堂上拍掌叫好起來。

接著，是王貴和湯懷兩人上場，因為和張顯相差無幾，所以也獲得了不錯的成績。觀眾們也都議論紛紛：「這幾個少年是從哪裡來的？箭法這麼精準！」

等到徐慶、霍銳比賽通過，縣太爺心中已經有了譜：「該不會是我那周大哥也到了吧？」

最後，輪到了岳飛。

縣太爺看到眼前這位年輕人器宇不凡，特別在主考官耳邊囑咐了一些話。

主考官對岳飛說：「岳飛，你能射多遠？要和他們一樣嗎？」

岳飛看著百步外的箭靶，說：「那就試試兩百步的距離吧！」

岳飛這話一出，觀眾們一片譁然。有人說：「這小子是不是瘋了？」有人說：「該不會是來鬧場的吧！」

只有混在人群裡的周侗師徒會心一笑，因為他們對岳飛有信

心。

　　縣太爺可是又驚訝又高興，心想：「今日終於見到奇才，這真是我大宋的福氣。」趕緊命人將箭靶移到兩百步之外。

　　岳飛站穩身子，一手抓起弓，一手搭上箭，只見他胸口吸飽一口氣，屏氣凝神，射出了第一箭。

　　「咻」的一聲在空氣中響亮的掠過觀眾的耳際，一箭已經射穿了靶心，四周頓時響起了一陣如雷的掌聲。主考官被嚇呆了，縣太爺則看得合不攏嘴。

　　岳飛就這樣一箭一箭射出去，箭箭都命中目標。等到五枝箭射完，縣太爺已經目瞪口呆，觀眾們也都忘了喝采，因為這真是從沒見過的情形。

　　岳飛射完箭，就要步出試場。突然聽到：「壯士，請留步。」原來是縣太爺叫住他。岳飛說：

「敢問大人有何吩咐？」

縣太爺笑瞇了雙眼說：「岳飛，你和周師父在哪裡落腳？」

岳飛一聽，驚訝的問：「大人您認識我師父？」

縣太爺哈哈一笑說：「剛開始我還只是懷疑，等到你射出第一箭，我就肯定你們幾個必是周侗的高徒。呵呵，普天之下也只有他能教出這樣的徒弟了。我知道他必是礙於比賽的場合，不願意和我在此見面，但是，我倒是不能不去見見這個老朋友啊！」

岳飛於是就對縣太爺說：「我們就住在街上的福星客棧。」

「好，就請你稟告你師父，我今夜必當專程拜訪他。」

原來這縣太爺姓李，過去在軍中是周侗的老同事，對周侗的做人處事相當敬重，對他的武功更是佩服得五體投地。

那一天晚上，兩位老朋友一

見面，少不了敘舊一番。李縣長對周侗說，今天比試的成績，岳飛等人幾乎包辦了前幾名。王貴等師兄弟聽了都雀躍萬分，又吵著在回家之前上街去逛逛。周侗和老朋友酒酣耳熱之餘也答應了幾個年輕人的要求。岳飛因為身上並沒什麼金錢，只好留在客棧看書。

李縣長更趁此機會，對周侗大大的誇獎岳飛說：「周兄可真是名師出高徒，調教出岳飛這樣的青年才俊，將來必定青出於藍，更勝於藍。」

周侗聽得眉開眼笑，說：「呵呵！李兄過獎了，得天下英才而教之，不正是我這老頭唯一能為國家社會做的事嘛！」

李縣長再把岳飛從頭到腳仔細端詳了好久，笑咪咪的對周侗說：「你這好徒弟今年幾歲了？訂過親沒有？」

周侗想了一會兒，說：「岳飛今年十六歲，倒沒聽說家中為他訂過親。」

周侗轉頭向在一旁看書的岳飛示意，岳飛點點頭。

李縣長看見岳飛點頭，滿心歡喜說：「小女李華今年也已經十六歲，至今未許配與人，我斗膽請周兄做個媒，讓兩人結成連理如何？」

周侗聽了也很歡喜，說：「好主意，我回去再向岳飛父母提這門親事。」

這一夜，周李二人把酒言歡，聊到現今朝廷被奸臣蔡京等人把持，皇帝耽於逸樂，不理朝政。北方金國屢犯邊境，大宋可說是岌岌可危了。

「唉！我們都老了，國家未來就靠這些年輕人了！」周侗嘆了一口氣。

兩人都不約而同的轉頭看著

岳飛，對眼前這個年輕人，心中
都抱著無限的希望。

　　周侗帶著岳飛等人回家後，
將比試的結果告知岳飛父母，岳
和夫婦都感到非常欣慰，一再的
感謝周侗的教導有方。周侗將李
縣長要把千金許配給岳飛的事一
併說了，並一再解釋李華雖然貴
為縣長千金，性情卻十分賢淑溫
柔。姚氏慶幸兒子能有這樣的福
氣，夫婦兩人一口就答應了這門
親事，立刻擇定一個好日子，準
備為兩人完婚。

　　李華自從嫁到岳家，每天擔
負起家中事務，晨昏定省，對岳
飛父母十分孝順，對夫婿也非常
敬愛。

　　結婚第二年，李華為岳飛生
了一個男孩，取名為岳雲。

9 嚴師驟逝‧遺授兵書

　　岳雲出生的第二年，周侗突然身體不適，看過很多醫生都沒改善。周侗長久臥病在床，對自己身體狀況非常清楚，這次的病恐怕不是醫藥所能治好的，畢竟自己已經是個接近八十高齡的老人了。岳飛為了師父的病，終日留在師父身邊照料，不敢離開。岳和夫婦和王貴、張顯、湯懷等人也都常來探望，但是看著周侗的病情一天天的惡化，大家也只能祈求老天保佑，別無辦法了。

　　有一天，周侗撐著最後一口氣，把岳飛叫到病床前，說：「飛兒，我知道自己即將離開你了，但是有一件事一定要交代你。你跟我學武唸書多年，最重要的目的，可不是在這鄉間舞刀弄棍哪！你也該出去為國家做點事

了。你將來必是個統領千軍萬馬的人才，師父那本《孫子兵法》你要詳加研讀，將來行軍布陣大有用處……」

「師父！師父！」岳飛一直呼叫，周侗話未交代完，就昏睡過去了。

隔天，周侗終因病情惡化，離開了人世，弟子們合力將周侗的遺體葬在湯陰縣的村郊。

自從恩師去世，岳飛一直在師父的墳墓旁守墓，日夜陪伴著他的老師。半年守墓的日子裡，岳飛在墓旁苦練師父教的各項武術，苦讀師父留給他的那本《孫子兵法》。他想著師父臨終前交代的話，心中已經有了將畢生所學報效國家的打算。

這時宋徽宗重用奸臣蔡京、王黼做宰相，太監童貫、梁思成等人也都在朝廷擔任重要官職。他們這些人最會巧立名目，搜刮

民脂民膏，壓榨百姓勞力。為了討皇帝歡心，在宮廷打造各種奇花異石的景致，特別是那些假山石，往往重達好幾萬斤。在那個交通不便的時代，硬要用人力車船，從二三千里外的江、浙一帶，搬運到京城，這是多麼耗費人力的事！每次所徵調的民夫，動輒在萬人以上。童貫、蔡京、梁思成、李彥、王黼、朱勔等人，搜刮全國財富，以供他們自身的荒淫享受，鬧得田地荒蕪，民不聊生。加上年年的大水災，百姓怨聲載道。由於無法應付官家的壓榨，老百姓只好紛紛落草為寇，成為打家劫舍的盜賊。

10 初次從軍·
首戰立功

　　徽宗宣和四年，盜賊四處流竄，搶劫百姓，危害各地的安寧。朝廷派劉韐為真定宣撫使*，領兵準備剿滅盜賊。但是因為兵源不足，只好向各鄉鎮招募勇兵。

　　岳飛知道了這個消息，想起師父交代的遺言，很想報名從軍，參加剿匪大軍的行列。但是，孝順的岳飛又想起雙親已經年老，兒女還幼小，實在捨不得離開父母妻兒。

　　有一天，王貴和張顯、湯懷等師兄弟跑來找岳飛。

　　「師兄，我們男子漢，志在四方，現在朝廷正在招募勇兵，不去試試機會，還要等到何時？」

放大鏡

＊宣撫使　就是剿匪總指揮。

60

王貴說。

「對呀！如果我們整天留在這裡，無所事事，一天過一天，師父地下有知也會大失所望的。」湯懷也說。

一聽到湯懷提起師父，岳飛心裡好慚愧，其實他心裡比他們更在意。岳飛嘆了一口氣說：「這個道理我怎會不知道？只是我放心不下一家大小啊！」

想不到，他們這些話已經被岳飛的父母在門後聽見了。岳和走進來，對大家說：「剛才王賢姪和湯賢姪說得對，飛兒，你們儘管去從軍。只要你們平定盜賊，報效國家社會，朝廷必會重用你們，不但是光耀門楣，也不愧對周師父在天之靈了。」

「只是孩兒不孝！」岳飛說。

姚氏也安慰岳飛說：「你不必擔心家中的事，有你的好媳婦照料，你就放心為朝廷出力去吧！」

聽到父母這麼說，岳飛終於放下心來，說：「孩兒遵命，還請爹娘保重了。」

這時候，岳飛的長子岳雲已經四歲，長女安娘也一歲多。岳飛遠行前夕告別妻兒，一再的囑咐妻子李華說：「家中大小事一切靠妳辛苦了。」

李華鼓勵丈夫說：「你放心去吧！這都是我應該做的。軍中一切要小心。」

岳飛縱然有百般的不捨，還是下定決心，率領著一群師弟從軍去了。臨行前，岳飛一行人又到周侗的墳前祭拜一番。

岳飛帶著王貴、湯懷等人，連夜趕路，很快就到達了真定府，向招募勇兵的單位完成了報到的手續。

宣撫使劉韐在競技場上，點閱了新兵的體格和武藝。他早就聽說來自湯陰縣的岳飛身手不

凡，這次親眼見到岳飛本人，更覺得這年輕人確實相貌英挺。又見到岳飛在競技場上，表演了騎馬射箭的功夫，立刻命令岳飛為新兵的隊長。

劉韐對其他的部屬說：「岳飛武藝高強，又懂得不少書中的道理，應該是一個帶兵的人才。」

岳飛當上新兵隊長，專門負責訓練新兵以及紀律的管理。他的目標就是訓練一支不但會打仗，還必須紀律嚴明的部隊。

經過三個月的訓練，岳飛已經把一批新兵訓練成驍勇善戰的部隊，大家都磨刀霍霍，盼望早日到戰場殺敵。這時剛好鄰近的相州府，傳來求救告急的文書，相州知府在文書中寫著：「陶儁和賈敬禾兩盜賊，領一批匪徒占據山頭，到處燒殺擄掠，殘害百姓，偷襲官兵，請劉大人速派援兵剿滅二匪。」

岳飛知道這消息後，向劉韐請求說：「大人，讓我帶百名新兵，前去剿滅陶儁、賈敬禾這批盜賊。」

劉韐半信半疑的說：「你只帶百名新兵，會不會太少了？」

其實岳飛早就想試試自己這段時間訓練的成效，他對自己非常有信心。岳飛回答說：「擒賊先擒王，只要集中兵力生擒陶、賈二人，其他烏合之眾自然會潰不成軍。」

劉韐也想利用這次的機會，考驗一下岳飛帶兵的能耐，也就爽快的答應說：「好，就撥給你一百名新兵，祝你一戰成功。」

第二天，岳飛挑選了一百名訓練精良的騎兵，來到相州。他先到盜賊所在的山下了解地理環境，果然盜賊的根據地山勢雄偉，草木茂密，易守難攻。岳飛馬上選派幾名機伶的士兵，假扮

成過路的旅客和商人。果然，賊兵一下子就把這些人全劫到山寨裡去。賊兵搶走了他們的財物，並強迫他們留在山寨裡充當嘍囉。岳飛這些部下就這樣順利的混進賊窩裡，當作岳飛攻破山寨的內應。

岳飛看到派出去的人，已經成功的混進山寨裡，知道盜賊們已經中了他「裡應外攻」的計策，立刻調集部隊準備進攻山寨。

岳飛吩咐所有的士兵，埋伏在山下的山溝裡，自己則帶著十幾名士兵，大聲吶喊攻上山頭。

山上的嘍囉聽到山下吶喊的聲音，趕緊向陶儁和賈敬禾兩位頭目報告：「官兵攻上來了！」

陶儁站到瞭望臺一看，大笑說：「十幾個官兵也敢上來找死！你們就看我如何生擒這些傢伙！」

陶儁和賈敬禾根本不把岳飛

幾人看在眼裡，又想在部下的面前炫耀自己的本事，於是親自出馬，準備活捉幾個官兵來展露威風。

陶雋快馬奔到了岳飛面前，吆喝說：「我看你們還是投降吧！別做了我刀下的亡魂！」

岳飛也不回答他，裝出一副笨拙不怕死的樣子，朝陶雋殺了過來。

「衝呀！殺呀！」雙方的人馬雖少，卻也殺聲震天。

戰了幾回合，岳飛故意且戰且走，一副手忙腳亂的樣子，讓陶雋等人看了在心裡發笑：「官兵真的沒人了嗎？竟然派出這種三腳貓來煩我！」

「追呀！」賈敬禾在後面發令，岳飛一班人頭也不回的猛逃。

陶雋追到山下，一槍就要刺到岳飛後背，想不到岳飛卻突然

撥轉馬頭，格開陶雋的長槍，大聲對山寨喊叫：「弟兄們！殺出來吧！」

潛伏在山寨的官兵，突然從山寨裡殺了出來。陶雋和賈敬禾見到自己山寨裡出現官兵，已經心慌意亂。一來要應付岳飛的挑戰，二來要應付背後的官兵，正不知如何是好時，突然山溝裡又是殺聲震天，岳飛的伏兵傾巢而出。

兩個賊首進無步，退無路，已經被岳飛率軍團團圍住。賊兵看到首領被困，只好紛紛丟下兵器投降。陶雋和賈敬禾也撒下兵器，束手就擒。

岳飛以一百人新兵收服盜賊的消息，傳回相州，百姓都歡欣鼓舞。相州知府王廷特地親自出城迎接岳飛凱旋歸來，並大大的稱讚岳飛一番。

11 慈父仙逝・
嚴母刺背

　　岳飛初次上戰場，贏得漂亮的一仗，使得劉錡更加重用岳飛。不但把岳飛從小隊長升為大隊長，更讓他訓練那些收服的賊兵，使他們都成為國家可用的精良軍隊。

　　當岳飛在相州的工作，正得心應手時，湯陰的家裡卻傳來不幸的消息。岳飛接到妻子李華的來信：「父親病逝，趕快回鄉。」

　　岳飛連信件都未讀完，已經痛哭出聲：「爹……」久久說不出話來。

　　劉錡知道岳飛喪父的消息，親自到岳飛營帳安慰他，並馬上准許岳飛請假，讓他能趕快回鄉奔喪。

　　岳飛快馬加鞭回到湯陰的老家，一進家門，看見靈堂前母親

和妻子低聲的哭泣，自己不覺雙腳一跪，哭倒在靈前：「爹！不孝兒回來晚了了！」

李華拿了一件麻衣讓岳飛穿上，陪著岳飛低聲啜泣著。

岳飛一直責備自己不該逗留在外，連父親最後一面都沒見上。就這樣，因為哀傷過度，岳飛一連三天都沒進食。姚氏見到岳飛這樣悲痛，擔心損害了岳飛身體健康，不停的勸慰：「孩子，你就吃一點東西吧！你父親走得很安詳，他可不願見到你這樣傷了身體啊！」

「娘！」岳飛仍是哀泣不停。

「夫君，你要是傷了身體，父親地下有知怎能心安？還有讓娘這樣為你擔心，也是不好啊！」妻子在岳飛身旁勸著。

「娘，夫人，我……讓你們擔心了。」岳飛擦乾眼淚回答。

姚氏看見岳飛終於收拾哀

傷，願意進食，才欣慰的說：「聽說現在朝廷正遭逢內憂外患，你餓壞身體，怎麼能夠剿匪抗敵！不要忘了你師父臨終時對你的交代，也不要忘記你父親生前對你的期待。家痛可忍，國家之痛，不能忍。我希望你好好養好身體，再回營為國效命去。」

岳飛聽了，很慚愧的說：「娘教訓得是，我會謹記在心的。」

岳飛從這天開始，也恢復了正常的飲食生活，陪伴家人，把父親的喪事料理妥當。岳飛利用這段守喪期間，也到師父周侗墳前祭拜，並把握難得回鄉的日子，多陪伴母親和自己的妻兒。

岳飛向母親報告了在劉韐手下，平定了盜賊的事情。姚氏聽了感到非常欣慰，沉思了一會兒，對岳飛說：「飛兒，你領軍在外，能夠竭力報效國家，那自然是對國家盡忠、對父母盡孝的表

現。但是，現在國家的情勢非常險惡，我仍然怕你意志不夠堅定，臨陣退縮。你這就去預備香燭，娘想做一件勉勵你的事。」

「娘，您……」岳飛一時不知道母親要做什麼，只是遵照著母親的吩咐去做。

一會兒，姚氏帶著媳婦李華從屋裡走出來。她先在祖宗牌位前上香，然後要李華備好筆墨，叫岳飛跪在香案前，將上衣坦開，露出脊背。

姚氏解釋說：「為了堅定你報效國家的意志，也為了讓我能夠放心，娘今天就在你背上刺上『盡忠報國』四字，勉勵你無論遇到什麼困難與誘惑，都要一心以國家民族為上，不能有二心。」

岳飛聽了，心中不禁沸騰起來，他完全能了解母親對他的期待和訓勉。他慷慨的回答說：「娘，孩兒明白。」岳飛一點也不

覺得畏懼，準備接受母親手上的刺針之痛。

　　姚氏拿起筆來，先把「盡忠報國」四字寫在岳飛背上，然後拿起刺針，一針一針，照著筆畫刺到岳飛的皮肉裡去。岳飛是一個耐得住痛，鐵錚錚的漢子，他連眉頭也不曾皺一下，他此時想的，只有今後如何努力不讓母親失望。李華看在眼裡，非但不覺心疼，反而對自己的丈夫增添了更深的敬意。

　　姚氏費了一番功夫，滿頭大汗。終於，岳飛的背上在姚氏的手下，留下了永遠抹不掉的「盡忠報國」四個大字。岳飛轉頭看到母親，兩眼隱隱的透出晶瑩的淚光。

12 靖康之難・急赴沙場

　　本來岳飛想多留幾天，在家鄉陪伴母親和妻兒，但是這時從相州傳來了緊急的消息：汴京城被攻破了，徽、欽二帝被金兵所擄。

　　原來，宋朝長年受到北方的遼國侵略，過著割地賠款求和的日子。宋朝原本的計畫是聯絡東北的金國，分頭來攻打遼國。想不到宋朝這一邊卻打了敗仗，而金國在完顏阿骨打的領軍下，卻節節勝利，一舉滅了遼國。金國也因此看出宋朝的積弱不振，取代了強悍的遼國後，揮軍南下，攻破了宋朝的皇城汴京。無能的徽宗只好傳位給太子欽宗，並割地賠款，尊稱金國國君為伯父。原以為可以求得一時的和平，想不到第二年，也就是欽宗靖康元

年（1126年），金兵又再度南侵，攻破汴京，擄走了徽、欽二帝及皇族三千多人，宮中的珠寶也被搜括一空。金太宗正式宣布宋朝滅亡，並扶植宋朝投降的大臣張邦昌作為傀儡皇帝，統治原來大宋的土地。

在這一場國難當中，皇族之中只有康王趙構逃過一劫。當汴京尚未被金兵攻破之時，康王領兵在外，欽宗命令他為兵馬大元帥，快速召集全國各地的援軍，來解救京城的危難。可是康王的兵馬還沒趕到京城，徽、欽二帝已經被金兵俘虜了。

岳飛聽到這些不幸的消息，非常悲痛，內心焦急的想：「不知康王現今屯駐在何處？」

姚氏也知道岳飛內心的焦急，對岳飛說：「你父親的事也都辦妥了，現在國家有難，你應該盡速回營報到。家裡的事，有你

媳婦在，你儘管放心去殺敵。」

「是，我明天就趕回相州去。」岳飛說。

岳飛第二天整理了行李，拜別了母親，囑咐妻子要好好孝順母親、教導兒子。一路快馬，日夜奔馳回到了相州向劉韐報到。

劉韐見到岳飛回營，雀躍萬分，因為岳飛回鄉奔喪這段時間，讓他好像缺了一隻手臂一般，諸事不順。

「岳飛，你回來得正好，徽、欽二帝被擄的事你應該早知道了，現在康王正駐紮在我們相州，快跟我去見他。」

康王這時候正需要招募一些替國家出力的英雄豪傑，他一來到相州，就聽劉韐向他報告過岳飛平定盜賊的事蹟，急著想見見這位年輕人。

「你就是擒服陶儁、賈敬禾的岳飛？」康王一見到岳飛，就非

常欣賞那威武英挺的儀態。又聽取了岳飛對行軍打仗的一些兵法理論，更是十分驚喜。他一眼就看出岳飛是一個千古難逢的將才，於是把岳飛留在身邊當貼身護衛，平日不但可以保護自己，戰時又可以命他領兵作戰。

岳飛見到康王沒幾天，就面臨了一次考驗。原來相州附近丘陵地帶，最近又出現了一批盜賊，經常騷擾百姓，危害地方的治安，更可能危及康王的安全。盜賊首領叫做吉青，武藝非常高強，從不把官兵看在眼裡。

「岳飛，本王想命你領兵剿滅吉青這批盜匪，將吉青的項上人頭提來見我，你可願意？」康王試探岳飛說。

岳飛回答：「元帥，聽說吉青這班人，個個驍勇善戰，若是殺了他們豈不太過可惜？」

「你的意思是……」康王一

時不明白。

　　「現在國家面臨金國的威脅，正是需要用人的時候，如果能將吉青這班盜賊收服，改編成為官軍，說不定，將來也可以成為抗金的主力。」岳飛解釋說。

　　「好！好！你的看法極好。就照你的意思去辦。」康王暗暗佩服岳飛的遠見。

13 收服吉青‧如虎添翼

　　岳飛在康王前領了軍令，即刻率領一百名騎兵，到了賊窟外的山丘下。岳飛先命令部下通通下馬在樹林裡休息，自己帶了五名貼身侍衛，直奔山寨。

　　崗上的山賊巡邏早就發現岳飛六人，大聲吆喝：「來人下馬！下馬！」

　　岳飛在馬背上高聲的回應說：「我是康王的護衛岳飛，快叫你們首領出來見我。」

　　「岳飛？」嘍囉們早就聽過岳飛的大名，嚇得趕緊回寨向吉青報告。

　　吉青聽說岳飛來到山寨門口，就提著長槍出來。見到岳飛果然一表人才，氣宇不凡，不像是一般帶兵打仗的魯莽之輩。

　　「你就是岳飛？」吉青問。

岳飛態度從容的回答說:「我正是岳飛，大元帥是大宋現在唯一的皇族命脈，他派我來召你們歸順朝廷，大家一同為國家效力。你吉青也算是綠林中的一條好漢＊，何不與我一起到前線去殺金兵，收復我大宋的江山，怎可留在此殘害自己的同胞！」

吉青聽了岳飛這一番話，心裡暗暗佩服岳飛的膽識，和忠義的精神，但是卻也不想輕易的被官府招降。吉青心裡想:「早聽人說岳飛武功和才德兼備，我何不試試他的武藝，絕不能叫我服從一個武藝不如我的庸才。」

「好！只要你岳飛能勝過我，我就隨你歸順朝廷。」吉青說

放大鏡 ＊新莽末年，一群饑民以湖北當陽綠林山為根據地，組成「綠林軍」，以反抗王莽政權，所以我們用「綠林好漢」來指稱聚集在山林中，反抗統治者的武裝群眾。後來則泛指聚集於山林中的強盜。

著，縱馬舉槍朝著岳飛衝了過來。

岳飛也早料到吉青不是一個肯輕易屈服的人，舉著長槍擋了過去。

「鏘——鏘！」兩支兵器相交，蹦出火星。吉青覺得手臂一麻，被岳飛一槍震得隱隱作痛，心中暗叫不妙：「岳飛果真是個強敵！」

吉青使盡全力非勝不可，岳飛是輕鬆應戰，遊刃有餘。打了幾十回合，吉青已是汗流浹背，無力招架。他發覺到岳飛槍下處處留情，不想讓他在部下面前出醜。吉青這時不但佩服岳飛的武藝高強，更感激岳飛做人厚道，為他留下一點顏面。

終於，吉青收槍喊停，跳下馬來說：「岳飛，我承認失敗了，願意聽你的。只是，我們這些弟兄們過去做了太多壞事，官府怎

麼可能就這樣一筆勾消？何不這樣，你到我們山寨來當我們主子，我們所有兄弟都聽你的。」

岳飛聽了，哈哈一笑說：「我如果要當賊王，何須等到今日！早在收服陶儁和賈敬禾時，就可以當寨主了。」

吉青聽了，低頭沉思，還是有點猶豫。

岳飛說：「你剛才擔心的問題，包在我身上，我岳飛絕對保證大家的安全。現在金兵已經殺到我們大宋國境，要是大家只顧自己的利益，哪一天金兵來了，也不可能容許你們在這裡占地為王。希望大家跟我一起投效康王，不但是爭個人的前途，也好好幹一番救國救民的大事業。」

吉青又沉思了一會兒，才對岳飛說：「好，你且在這裡等一下，我回去和兄弟們說明白再回來。」

　　吉青說著，掉轉馬頭奔回山寨。王貴擔心的說：「這傢伙會不會一去不回？」

　　岳飛笑一笑說：「我不會看錯人，吉青不是背信的小人。」

　　過了不久，吉青果然帶著四百多名壯士，運著行李出來。其中有一名帶著流星鎚的壯漢叫牛皋，一看到岳飛，說：「我倒要看看，是哪一位英雄讓我們寨主這般信服。來，你我來比劃比劃。」話才說完，雙鎚就往岳飛打來。想不到岳飛不躲不閃，長槍一挑，使出了四兩撥千斤的招式。牛皋的鐵鎚才和岳飛的長槍接觸，就已經發覺不妙，千斤的力量好像全打在一團棉花上了。只見岳飛變了招式，槍頭黏著流星鎚不放。牛皋的流星鎚越揮越快，卻完全無法擺脫岳飛長槍的糾纏。

　　「怪了！怪了！有鬼！」牛皋

又驚又怕。

　岳飛見好就收，長槍一縮，直打牛皋手臂，牛皋「啊」的一聲，雙手一陣痛，雙鎚一撒，已經面如土色。

　牛皋下馬一跪，慚愧的說：「不愧是大名鼎鼎的岳飛，我牛皋服了你，任憑你處置。」

　岳飛高興極了，也立刻下馬將牛皋扶起:「牛老弟，你的功夫也真是了得，以後大家都是自己人了！」

　四百多位兄弟，親眼目睹岳飛制伏了牛皋，知道岳飛確實是武藝超群的英雄，也都心服口服的願意跟隨岳飛下山。

　岳飛完成了招撫吉青一班人的任務，贏得康王大大的讚賞，立刻高升他為承信郎＊。王貴和

　放大鏡

＊承信郎　宋朝的武官分為五十二個階級，「承信郎」是最低階的軍官。

牛皋等人，卻氣得跳腳說：「以大哥的功勞，卻只封個小官，真是欺人太甚！」

岳飛連忙安撫兄弟們說：「大家稍安勿躁，等大家日後展現實力，再立大功，就不怕人家小看我們了。」

兄弟們聽岳飛這麼一說，才稍稍平息了胸中的怒氣。

岳飛這次帶回來的四百多條好漢，也成了岳飛身邊最忠心的子弟兵。往後，他們就是追隨著岳飛南征北討，屢次重創金兵，名聞天下的岳家軍。

14 泅水一戰・天下揚名

　　自從岳飛收服牛皋和吉青這些綠林好漢後，他也有了自己的部隊。他帶著這批部隊跟著康王趙構，到了應天府。國家不可一日無君，趙構就在群臣的擁戴下，於應天府登上宋朝皇帝的位子，就是歷史上的「宋高宗」。這時各地勤王＊的將領也陸續來報到，例如張俊、苗傅、楊沂中等，都成了扶持朝廷的生力軍，高宗的氣勢一時壯盛起來，頗有中興復國的氣象。

　　在高宗底下，有一批主張積極整軍經武，準備抵抗金兵收復失土的大臣。一個是宰相李綱，一個是兵馬副元帥宗澤。高宗命

＊**勤王**　為王室盡力，或是在王室危急時，出兵救援。

88

令岳飛，率領他的岳家軍跟隨宗澤和金兵作戰。宗澤是一個大忠臣，自從二帝被擄，他就誓死主張帶兵北伐，救回徽、欽二帝。宗澤第一次看到岳飛時，認為岳飛相貌非凡，個性耿直，覺得兩人非常投緣。後來又知道岳飛是貧苦出身，對岳飛就更加欣賞了。有一回宗澤問岳飛：「你學過兵法沒有？」

　　岳飛回答說：「我和周侗師父研讀過兵書，略懂得行軍布陣。但是我更認為，兵書是死的，運用之妙要看個人，以及當時的情況而定。帶兵作戰不能墨守成規，作戰的時空環境隨時會改變，重要的是要能因地制宜，出乎敵軍的意料之外才能致勝。」

　　岳飛這番話，讓宗澤大大驚喜。宗澤原來以為，岳飛是一個沒讀過兵書的農家子弟，想不到對兵法有這麼深的見解。宗澤暗

想:「我大宋終於有了一個抗金復國的良將了。」

　　自從高宗登基後，宋軍也越來越壯大。宗澤屢次建議揮軍北上，把金兵趕回北方，收回失土。但是，高宗卻深怕惹怒金兵，再度引來金兵南犯，所以對北伐的事總是興趣缺缺。有一次，金兵大舉來犯，被宗澤的軍隊打得落荒而逃。宗澤趁機建議高宗移駕汴京，以鼓舞汴京軍民抗金的士氣。想不到高宗卻把駐紮地從應天府移往距汴京更遠的大名府。

　　宗澤內心知道高宗一心只想做個偏安的皇帝，沒有恢復大宋江山的打算，內心非常沮喪。不久，金兵又發兵包圍汴京。宗澤向上級建議發兵救援，卻遭到高宗身邊一些大臣反對。高宗甚至覺得宗澤總是和自己唱反調，乾脆故意將他調遠一點。

　　金兵因為吃過宗澤幾次虧，知道不能和宗澤正面對上，決定先發制人，以偷襲的方式渡過黃河，進攻泜水這個重鎮。

　　宋軍在泜水的防衛兵力非常薄弱，一下子就被金兵包圍，眼看城門就快被攻破，情況非常危急，泜水將領趕緊派人向宗澤求援。宗澤接到求援的文書，立刻將岳飛召到帳前，因為他考慮了很久，眼前只有岳飛能夠勝任這項緊急的重任。

　　「金兵幾千人馬圍困泜水，需要你去解圍。你需要多少人馬，我都撥付給你。」宗澤說。

　　「我馬上出發，只要給我八百名子弟兵就夠了。」岳飛回答。

　　宗澤一聽，很不放心的說：「八百人，夠嗎？」

　　岳飛神色輕鬆的說：「兵在精，不在多。八百人已經綽綽有餘了。」

　　救兵貴在神速，岳飛即刻在教練場上點兵準備出發。岳飛所選的都是自己親自訓練出來的子弟兵，包括吉青、牛皋等一些從綠林中收編的部隊。

　　這次援救氾水，是吉青等人被編成官兵後第一次出征。眾人一聽要到氾水去殺金兵，手舞足蹈，非常興奮。平常過慣了廝殺的生活，這段待在軍營裡的日子，已經快把他們悶慌了，恨不得立刻飛到戰場殺個痛快。岳飛也知道這些人的心情，不多逗留，日夜不停的行軍，很快的到達了氾水。

　　岳飛先將部隊遠遠的停在氾水外的山坡，觀察金兵圍攻氾水的動態。

　　原來金兵仗恃著人多，採取急攻，速戰速決的策略，想要一舉攻下氾水城。但是城裡的官兵，都是宗澤親自訓練過的部

隊，儘管已經犧牲了大半的兵士，仍然繼續頑強抵抗，他們深信宗澤不會放棄他們，援軍很快就會到來。

岳飛在山坡上居高臨下，看見金兵正運用雲梯，像螞蟻一樣，一波波的向城裡猛攻，情況非常危急。岳飛立刻將官兵分成三小隊，王貴率領吉青、牛皋三百人擔任左翼；湯懷率領張顯三百人擔任右翼；岳飛自己則帶領兩百人擔任中路軍直攻正面。

「殺！」岳飛一聲吶喊，這一支八百人的精銳部隊，已經從金兵背後衝殺過來。

正在攻城的金兵萬萬沒想到，背後會殺出一批強大的宋軍，頓時亂了手腳。城裡被圍困的宋軍看到岳飛的旗幟，知道援軍已經到來，乾脆把城門打開，全軍奮力殺出。情勢一下子改觀，變成了宋軍對金兵兩路夾

攻。混亂中，金兵根本不知道岳飛援軍到底來了多少人，只聽到殺聲震天，金兵鬥志已經喪失殆盡。

吉青、牛皋這些人終於逮到了殺敵的機會，怎肯輕易放過，個個有如猛虎下山，勇往直前。金兵從沒見過這麼勇猛不怕死的官兵，嚇得手腳發軟，死傷慘重。

原來仗恃著人多的金兵首領，這時才發現這批援軍非同小可，趕緊鳴金收兵。

可是，金兵要退已經來不及了，因為岳飛發現金兵要退，立刻變換陣勢，如口袋般團團的堵住金兵的退路，直殺得金兵全軍覆沒，才收兵入城。

岳飛以八百精兵擊退了幾千金兵的捷報，傳回了開封＊，立刻震動了朝廷，岳飛也成了全國百姓口耳相傳的大英雄。經過這

一仗，金兵也才知道宋軍當中，有一個善於以少擊多的名將——岳飛。高宗對岳飛更加讚賞，將岳飛的官階又升一等，成為「統制」。吉青、牛皋等人也第一次獲得了朝廷的官銜。

泜水一戰之後，「岳飛」二字成了金兵聽了膽顫心驚的名字；泜水一戰，也使得風雨飄搖中的宋朝轉危為安。金兵吃了這一場敗仗，才知道宋朝並非沒有能人，他們對宋軍開始戒慎恐懼起來。宋朝的局勢，總算是獲得了暫時的安定。

放大鏡

＊宋朝以開封為「東京」，在今河南開封市附近。而以應天府為「南京」，在今河南商丘縣。

15 高宗畏戰・
宗澤病亡

　　金兵自從在汜水戰敗，不再對宋朝發動攻擊，高宗也大大的鬆了一口氣。這時，宗澤就建議高宗應趁著官兵士氣高昂的時候，遷都回開封（東京）。宗澤認為這時要是發動全國的軍隊，渡過黃河征討金國，必能收復黃河以北的失地，恢復大宋的江山。

　　但是，一心只想偏安的高宗，心想：「只要金兵不再來犯我就好了，我們何必去招惹他們！」再加上高宗身邊一些大臣，如黃潛善、汪彥伯等人主張乾脆和金國議和，兩國休兵，豈不是天下太平！高宗不僅不接受宗澤的建議，還聽從了黃潛善、汪彥伯的建議，不但不遷回開封，甚至要遷都到南方的揚州去。宰相李綱

知道高宗要退卻到揚州，曾大力的反對，但是仍無法改變高宗的決定。

就在這時，金國大將軍兀朮※已經準備捲土重來，從燕山出發，朝山東進兵。聽到這個消息，高宗和他身邊的奸臣們，趕緊收拾行李，匆匆南下到風光明媚的揚州去了。

高宗「逃到」揚州的消息，被鎮守在北方的宗澤知道了，氣得生出一場病來。對於高宗的懦弱退卻，這位老臣實在有「恨鐵不成鋼」的憤慨。

宗澤因為憂國憂民，病情越來越沉重，他知道自己痊癒的希望已經很渺茫了，嘴裡不停的喃

放大鏡

※兀朮　就是完顏宗弼，金朝大將。女真名兀朮，是金朝開國君主完顏阿骨打的第四子，人稱「四太子」，是大金國的主戰派，外號「長勝將軍」，也是對宋發動戰爭的主角人物。完顏氏——女真族的姓氏，翻譯成漢文的意思就是「王」。

喃自語著：「國事如此，老臣無力可回天啊！」

宗澤終於一病不起，含恨去世。

金國大將兀朮知道「主戰」的宗澤已死，心中大喜。宋朝失去了一個大將，金兵更是肆無忌憚了。懦弱的高宗已經放棄了抗金的政策，只曉得快快找到一個安全的地方，讓他安心的做大宋皇帝。

岳飛知道高宗要把京都遷到南方，非常的失望。他認為高宗這樣的決定等於放棄了中原，也放棄了救回徽、欽兩位皇帝的使命。因此岳飛上書高宗說：「現在各地勤王的部隊集結在陛下的手中，正是出兵消滅金兵的時候。金兵長期以為我軍軟弱，我們就利用他們輕敵的心理，攻其不備，則收復中原，迎回二帝是指日可待的。現在陛下反而聽從黃

潛善、汪彥伯等人的意見，遷都到揚州，這是逃避復國責任的行為。希望陛下立刻下令，親自率領我軍北伐滅金，迎回二帝。」

高宗原本是非常稱讚岳飛忠義的精神，但是看到岳飛奏書中「迎回二帝」四個字，就渾身不自在。黃潛善、汪彥伯兩人非常清楚高宗的心思，早就知道高宗最忌諱人家提到「徽、欽二帝」。兩人趁機對高宗說：「若是真的迎回徽、欽二帝，陛下你還有皇帝可當嗎？」

高宗一聽，緊張的問兩人：「那……這件事該如何處理？」

汪彥伯說：「這岳飛小小的武官，怎麼可以參議國家的大政！他的奏書已經越權，違反大宋的體制。陛下應該下旨革除他的官職。」

高宗聽信黃潛善、汪彥伯的話，將岳飛革職為平民。連宰相

李綱也不能替他說情。岳飛被革了官職，只好收拾行囊回到家鄉，侍奉母親，和一家妻小團圓。

岳飛回到家鄉，鄉親都為他抱不平，紛紛來探望這位抗金的名將。

家人雖然也都為他感到委屈，但是，岳飛長期領軍在外，奔波沙場，也只有在這時才能和家人重溫天倫之樂，對官場的起起落落，反而沒有什麼得失之心。

16 被黜回鄉·
精忠不二

　　岳飛被罷官回鄉，日子在平靜中度過，很快的過了將近一個月。突然岳家來了一個陌生的訪客，這個人自稱劉一平。岳飛問他有何指教，劉一平二話不說，叫隨行的侍從，拿出一個木盒子。打開一看，裡頭金光閃閃，竟是一堆的珠寶。

　　劉一平將珠寶雙手奉上說：「請岳兄收下，這是一點微薄的見面禮。」

　　岳飛一驚，問：「你這是什麼意思？」

　　劉一平這才說：「我就對岳兄老實說吧！我是綠林中人，我們寨主知道您遭到皇上的貶謫，很替您抱不平。所以才派我來敦請大哥您，到山上來和我們弟兄們一同做一番大事業。」

　　岳飛聽了，臉色立刻大變，大聲斥責說：「你也太小看我岳飛了！我官可以不做，但絕不做出對不起國家社會的事。快把這些東西拿走，否則，我會立刻動手捉拿你去官府！」

　　想不到劉一平還是不死心，說：「岳兄還是再多考慮一下吧！現在的昏君不值得⋯⋯」

　　劉一平話未說完，岳飛已經拍桌站起來，大怒說：「再不走，我只好動手了。」

　　劉一平看苗頭不對，趕緊收拾珠寶，像被雷嚇到的狗一般，夾著尾巴落荒而逃了。

　　姚氏在屋子裡早就聽見客廳的聲音，等到客人走了，才出來問岳飛說：「剛才那位客人是誰，你怎麼對他發那麼大的脾氣？」

　　岳飛把剛才劉一平想收買他的事向母親報告，姚氏聽了，臉上露出欣慰的笑容，說：「飛兒，

你今日能拒絕這些誘惑，果真沒忘記你背上『盡忠報國』四個字，沒白費了我教導你的苦心。」

岳飛說：「娘，孩兒即使身無官職，仍然心繫著大宋的安危啊！」

姚氏聽到岳飛這番話，對岳飛更加的疼惜。想到岳飛這樣待在家裡也不是辦法，不免面露憂色。岳飛看出母親的憂慮，對母親說：「娘別為孩兒擔憂，只要朝廷有用到孩兒的地方，孩兒自當再赴沙場，為國效力。」

果然如岳飛所料，大宋局勢瞬息萬變。高宗一再的聽信身邊「主和」大臣的讒言，連宰相李綱也被罷免。朝廷內都是主張和金兵和談的聲音，金兵認為大宋已無可用的大將，再度揮兵渡過黃河。金兵很快的攻陷了鄭州，再占領了白沙，眼看就要攻到汴京。這時朝廷那些軟弱的大臣，

個個心驚膽跳，深怕金兵大軍一揮，又攻到揚州來了。

高宗皇帝顫抖的說：「現在怎麼辦才好？」

群臣們你看我，我看你，沒有一個能拿出主意。這時有人才說：「我朝大敗過金兵的，只有岳飛的部隊，要不要再叫他回來？」

失去主意的高宗，也只好趕緊下令：「那就命令岳飛盡速回來吧！」

這時，岳飛的長子岳雲，早已經是個英俊挺拔的少年，平日就勤於鍛鍊武技，希望有朝一日，也能像父親一樣，馳騁沙場報效國家。岳飛看見兒子有這樣的志氣，非常欣慰。岳飛接到高宗的命令，知道揚州非常危急，就帶著兒子岳雲，一同回到軍中，為國家效命。

17 再度領軍・護衛朝廷

　　因為宗澤已死，所以朝廷把岳飛所屬部隊，通通歸在杜充手下指揮。岳飛接到朝廷的命令，立刻快馬趕赴沙場報到。

　　杜充命令岳飛率兵和金兵展開激戰。岳飛和金兵在竹蘆渡對峙三天三夜，一時分不出勝負。一天夜裡，岳飛派出三百名善於偷襲的精兵，每人帶著兩捆乾草，草上澆過油脂，就在金兵駐紮的山坡外，遠遠的將火點著。金兵看到熊熊的火光，以為宋軍大隊人馬就要攻來，趕緊撤兵，不戰而逃。

　　金兵雖然被岳飛逼退了，但是另一股以王善、曹成、孔彥為首的賊兵，卻領著五十幾萬部眾，朝著杜充的部隊攻過來。

　　杜充一聽到對方有五十幾萬

人，嚇得全身發抖，不敢出兵。

　　岳飛自告奮勇的說：「這些烏合之眾，讓我出去收拾他們吧！」

　　貪生怕死的杜充見到有人願意出馬，求之不得。就答應了岳飛的請求，但是也不願意撥給岳飛太多的兵馬，岳飛只好以他的八百子弟兵出去應戰。

　　岳飛告訴他的部隊說：「你們不要看他們人多，其實都是一些沒有經過嚴格訓練的傢伙，只要我們先擊垮他的主力，其他的就會立即崩潰。我做先鋒，你們跟著我來吧！」

　　說著，岳飛縱馬奔騰，隻身衝進敵軍的陣中，只要是他的刀槍揮過，賊兵就是哀聲遍野，死傷累累。岳飛的部隊看見主帥這麼英勇，士氣大振，也跟著殺了過去。賊兵看到這一群不怕死的士兵，都嚇呆了，紛紛丟下軍械，逃命去了。

　　誠如岳飛所預料，王善這五十萬部隊真是不堪一擊，兵敗如山倒。在岳飛的追擊之下，逃得所剩無幾。賊兵只要聽到岳飛來了，個個心驚膽跳，不戰而逃。岳飛也因而收復了不少城鎮，恢復了百姓安寧的生活。

　　從此，飽受盜賊或金兵肆虐的各鄉鎮，只要聽到岳家軍到了，都歡欣鼓舞的將食物拿出來勞軍。但是岳飛卻命令部下，不可收取百姓分毫的東西，因為他認為保衛百姓本就是官兵的責任。岳家軍也因此越來越受百姓們的愛戴；岳飛成了宋朝少數受到百姓敬愛的將軍。

　　然而，就在岳飛奮力打退金兵，平定各地盜賊的同時，另一邊的宋高宗，還是不忘繼續做個貪圖安逸的皇帝。自從宗澤去世，高宗皇帝也完全放棄了抗金的政策，只曉得帶著家眷和朝廷

百官，繼續往南逃。高宗從揚州逃到鎮江，再從鎮江逃到杭州，甚至一度從杭州逃走，打算逃到海外去避難。

當時宋軍的總指揮杜充，看到金兵強大的部隊一波波的開進中原，就想放棄原來堅守的汴京，跟著朝廷退到建康*去。岳飛趕緊力勸杜充說：「不可輕易放棄汴京，一旦汴京讓金兵占領，他們的後援將毫無阻礙，金兵就會源源不斷的進入中原。汴京是切斷他們後援的要塞，一旦失守，大宋將永無寧日。」當時，整個宋朝大軍可以說是士氣低落，「聞金喪膽」。杜充只顧自己逃命，哪聽得進岳飛的話。礙於朝廷的情勢，岳飛這支可用的部隊，只好保護著朝廷繼續向南方撤退。

*建康　就是今天的南京。

正如岳飛先前的判斷，杜充棄守汴京，金國大將第四太子兀朮，率領三十幾萬的部隊，已經勢如破竹的攻到了烏江邊。前方的探馬回來向杜充報告：「金兵已經逼近烏江，建康危險了！」

接著又有偵探兵回報：「鎮守江州的劉光世已經棄城，逃回建康城了。」

一連串的壞消息，讓杜充聽了臉色發白，四肢發抖，不敢出兵反擊。岳飛向他建議說：「大人，您應該到前線去鼓舞我軍的士氣，我們才能對金兵好好的打一場保衛戰。」但是，早就嚇破膽的杜充，怎麼敢出去？直到金兵已經快渡河了，才派出陳淬和岳飛率兵去阻擋，並且加派王燮領兩萬兵馬在後支援。

正當岳飛和陳淬就要擊退金兵時，王燮竟然怯戰，領著兩萬兵馬向南逃去。這一改變讓岳飛

部隊的後面，突然出現了缺口，讓金兵迅速包圍過來。陳淬不幸戰死，建康城也落入了金兵的手中。岳飛不得已只好帶著部隊，退到建康城東邊，重新整頓兵馬，等待時機再出擊。

但是，就在岳飛等人撤退的時候，擔任宋軍總指揮的杜充，接到了金國兀术將軍的信，信裡面說：「你帶兵投降我大金，我就封你做宋的皇帝。」

貪生怕死的杜充，禁不起誘惑，就帶著全家大小和金銀財寶，向兀术投降去了。岳飛聽到這個消息，非常氣憤。對高宗當初讓宗澤憂憤而死，又罷了宰相李綱，重用杜充，以致造成今天這樣的局面，內心有說不出的憤慨。

宋軍不停的撤退，金兵在後面窮追不捨。金兵大統帥兀术看到宋軍不戰而逃，以為自己在中

原已經所向無敵，一心只想快快追上高宗，活捉這個懦弱的皇帝。他萬萬沒想到，宋軍當中還有一個岳飛領軍在後，驍勇善戰的岳飛就讓這位金國名將栽了一個大筋斗。

18 用計反間・大敗兀朮

　　岳飛知道兀朮在後面苦苦追趕，好像不把高宗逮到絕不罷休。岳飛這時已經決心給兀朮來個迎頭痛擊。岳飛帶著他的八百名精兵，來到了八盤山，發現這座山形勢非常險要，最適合布陣偷襲。這時一個斥候兵＊報告說：「兀朮的部隊已經開進八盤山裡了。」

　　岳飛一聽大笑說：「哈！就怕你不來！」

　　岳飛派出弓箭手在山坡兩邊埋伏，然後派吉青和牛皋去向兀朮叫戰，他囑咐兩人，只許戰敗，不許戰勝。吉青和牛皋雖然不甘願，但也只能聽命行事。

＊斥候兵　就是被派去潛伏在敵軍附近，偵察敵情的哨兵。

114

　　兀朮十萬大軍，由前鋒官粘罕率領，正要殺往建康活捉宋高宗。他們剛進駐八盤山，就發現吉青和牛皋兩支人數奇少的部隊，認為這些宋軍不堪一擊。粘罕就派出金牙忽和銀牙忽兩位大將，帶領五千金兵，往宋軍衝殺過來，高喊：「殺了這些南蠻子！」

　　吉青和牛皋看到金兵殺過來，也是怒氣沖天，拿起雙鐧高聲喊：「鐧死你們這些番兵！」

　　兩軍交戰，雖然金兵在人數上占了極大的優勢，但是牛皋等猛將一點也不怯戰，殺紅了雙眼，金兵在他們兩人橫衝直撞下，死傷累累。但是吉青在這時，對牛皋使了一個眼色，提醒牛皋岳飛的命令：只能戰敗不能戰勝。牛皋憋了一肚子的氣，只好帶著手下，掉轉馬頭往山裡逃去。金牙忽和銀牙忽兩名將領，哪知道這是岳飛「引君入甕」的

計策，帶著五千兵馬就朝山裡追來。

就在金兵以為大勝在望時，突然天空箭如雨下，金兵紛紛中箭落馬，哀嚎遍野。金牙忽、銀牙忽發現中計，趕緊下令退兵。只聽見一聲：「岳飛來了！」

岳飛單槍匹馬，朝著金牙忽飛奔而來，金牙忽聽到岳飛大名，大呼：「不妙！」轉頭就跑。但是岳飛速度快如閃電，一槍已經刺穿金牙忽後背。

銀牙忽看見金牙忽瞬間就死於岳飛槍下，已經嚇出一身冷汗。這時又聽見樹林裡，湧起了如雷般的吼聲，膽子已經嚇破了一半。剛才詐敗的牛皋等人，又帶著宋軍回頭殺過來，正面和銀牙忽對上。這次牛皋已不再客氣，虎虎生風，揮動雙鎚，才過十招，就把銀牙忽的腦袋擊破。

帶隊的金牙忽、銀牙忽一

死，金兵已經無心再戰，紛紛搶著逃命。岳家軍八百官兵傾巢而出，殺得金兵片甲不留。

兀朮知道自己的五千精兵全部陣亡，對岳家軍恨之入骨，就帶著三十萬部隊，趕上來要找岳飛一決死戰。岳飛因為一邊要掩護朝廷百官南撤，一邊要和後面追來的金兵作戰，所以行軍速度較慢，很快的又被兀朮的部隊在廣德追上了。

岳飛知道這次面對兀朮的追兵，若是戰敗，宋高宗就會立即遭到金兵的威脅，宋朝可能一夕之間瓦解。他看一看廣德這個地方的地形，決定採用「夜襲」的計謀對付金兵。

原來岳飛在幾次的勝伏中，俘虜了不少漢人。這些北方的漢人，其實是宋朝的百姓，當初是被兀朮強迫加入金兵的。岳飛把其中一個叫王全的領袖和他的幾

個幹部找來，他開導說:「我們大宋遭到金人的侵略，你們的親人也都受到他們的脅迫。而你們被迫殺害自己的同胞，心裡一定很痛苦吧！」

王全和他的部下，聽了岳飛的話個個低下頭，感到非常慚愧、懊悔。

「如果大家願意將功折罪，替自己的親友報仇，我拜託大家今晚回到金營，放火燒掉他們的軍營，也可以為自己爭取到自由。」岳飛繼續說。

「我們願意聽從岳將軍的命令。」王全等人異口同聲的說。

岳飛就把詳細的計畫說明清楚，並鼓勵他們說:「大宋能不能擊退金兵，就看你們了。」

果然，金兵看見王全等人逃回來，並偷回了一些宋軍的軍械，大為高興，沒有多加懷疑。當天晚上，王全等人利用金兵熟

睡之際，在各倉庫、營房放火。
一時，整個金營火光沖天，好像
白晝一般。「失火了！失火了！」
到處都是金兵喊叫的聲音。

岳飛看到金營已經陷入一片
混亂，知道計策已經成功，就立
刻下令:「衝啊！殺啊！」

岳家軍殺入金營，好像進了
無人之境。金兵連武器都來不及
拿，死傷慘重，大敗而逃。兀朮
大軍經過這一仗，已經元氣大
傷。這次夜襲的成功，使得官兵
對岳飛的領導更是心服口服。許
多被俘的金兵（原來的漢人），
也都願意脫下金人的服裝，投效
岳飛，岳家軍也因此越來越壯
大，成了大宋抗金的主力。

19 剿平匪亂·安定地方

　　岳家軍雖然屢次打了勝仗，但是和兀朮的部隊比起來，人數還是差太多了。所以岳家軍也只能採取游擊戰術，掩護著高宗後退。兀朮終究還是以絕對優勢的兵力，繞過廣德，逼近了高宗的臨安＊城。高宗皇帝只好又放棄臨安，繼續逃往越州。兀朮又繼續追趕，高宗又逃往明州，最後甚至乘船到了台州，高宗可說是一個只知道逃命的皇帝。

　　高宗四處逃難，江南的官兵無力治理地方。江南宜興一帶，以郭吉和張威武為首的盜匪趁機作亂，到處燒殺擄掠。百姓一邊擔心金兵的侵略，一邊忍受盜匪的欺凌，生活在恐懼和苦難之

*臨安　現在的杭州。

中。

岳飛知道了這消息，派出王貴帶著岳家軍，收服了郭吉的部眾。頑強的張威武不肯降服，岳飛只好親自出馬，親手殺了張威武，宜興一帶的盜匪從此絕跡，百姓才恢復了安寧的生活。百姓對愛民的岳飛更加敬愛推崇。

高宗知道了岳飛的戰績，這才想起避居海外終究不是辦法，決定命令岳飛領軍收復建康。

金國名將兀朮，率領大軍進入中原，本以為可以輕輕鬆鬆掃平宋朝積弱不振的軍隊，活捉那個怕死的皇帝宋高宗。想不到，宋高宗打仗不行，逃命卻是很屬害。兀朮從北方一路追殺高宗到江南，隨後又攻占了定海和昌國等地，他誇下海口說:「就算趙構逃到天涯海角，我都要捉到他。」

現在，兀朮終於發現自己太不了解宋朝了。一來，他想不到

宋朝的領土實在太廣大了，好像再怎麼追，那個逃命皇帝總有地方躲；二來，沿途遭到岳飛這樣的猛將不時的阻礙和偷襲，讓金兵造成不少的傷亡。

兀朮不禁仰天長嘯說：「岳飛啊岳飛！要不是有你搗蛋，趙構早就成了我的階下囚了！」兀朮心裡甚至想：「我大金國要是有像岳飛這樣的將領，早就統一大宋江山了。」

思考了多日，兀朮第一次有了「不如歸去」的念頭。他對軍師說：「像我們這樣深入宋人的領土，是很危險的。何況士兵長期這樣奔波，也快累垮了，倒不如先回去整頓一下再做打算吧！」

因為兀朮怕驚動了岳家軍來襲，所以，率領金兵悄悄的往北退。但是，金兵撤退所經過的地方，仍然是燒殺劫掠，江南百姓又遭到了空前的浩劫。

　　高宗知道金兵退出了浙江邊境，才小心翼翼的北返，駐紮在越州。高宗將越州改名為紹興府，第二年，也將他的年號改為「紹興」。

20 收復建康·
兀朮喪膽

　　兀朮率領大軍撤退到鎮江，原本打算在鎮江好好休息，重整部隊，不料在長江上，遭遇大宋的水軍，被大宋的水師名將——韓世忠夫妻迎頭痛擊。兀朮損兵折將，好不容易才從黃天蕩脫逃而去。

　　岳飛早就得到消息，知道兀朮大軍已經從黃天蕩脫困。岳飛判斷兀朮一定移師到建康讓部隊休息，補充糧食。岳飛決定比兀朮先攻下建康，讓金兵連休息的地方都沒有。殲滅兀朮這支強大的軍隊，讓它無法順利回到北方，這是岳飛最高超的戰略。

　　岳飛對張顯說:「你帶領三百名騎兵攻城，建康城上的金兵將領，看到只有三百名宋軍，一定傾巢而出，想要徹底將你們殺個

精光，好向即將到來的兀朮邀功。」

張顯接受了岳飛「引蛇出洞」的戰術，看到金兵已經全數出城，就暗示騎兵們邊打邊逃，把金兵引到距離建康城三里遠的草原。突然間，一聲砲響，岳家軍的旗幟飄揚在草原四周。岳飛領著三千步兵，已經將金兵團團圍住。金兵首領再回頭看，吉青、牛皋等人已經帶著另一支岳家軍攻進建康城。

岳飛一聲令下：「殺呀！」宋軍奮勇向前，金兵進無步，退無路，死傷慘重，只好舉旗投降。岳飛在不到一天的時間內，就收復了建康城。這個消息，兀朮還不知道，繼續帶著金兵往建康城前進。

兀朮在黃天蕩吃盡了韓世忠夫妻的苦頭，好不容易逃到了建康，他準備在建康讓部隊補充體

力，稍作停留，再繼續趕路回北方去。當他到了建康附近的靜安鎮時，斥候兵急忙來報告：「將軍，建康城上飄揚的旗幟，好像不是我們的。」

「什麼？那是什麼旗幟？」兀朮緊張的問。

「好像……好像有個『岳』字。」斥候兵吞吞吐吐。

兀朮大驚：「會是岳飛？軍師，和我去看看。」

兀朮和軍師立刻上馬，來到建康城郊，仔細看清楚。

「軍師，你仔細看清楚，那是誰的旗幟？」兀朮其實心中已有不祥的答案。

軍師哈迷蚩一看，驚叫：「糟了！真的是岳飛這傢伙！」

兀朮不禁嘆了一口氣：「唉！碰上岳飛，簡直是惡鬼纏身。」

「殿下，我看能閃則閃，我們不能再和他正面衝突了。」哈迷

蚩皺著眉頭說。

　　兀朮心裡很清楚，自己的部隊數量雖然遠多過岳飛的，但是自從黃天蕩一戰，大家都已經身心疲憊了，怎能再和岳家軍硬碰硬。於是，他一聲令下：「撤退！趕快繞過建康城！」

　　可是，兀朮這一道命令已經太遲了。岳飛早就料準，兀朮的部隊來到這裡，已經兵疲馬累，禁不起久戰。金兵才開始撤退，岳飛的營地裡，已經響起了連串的砲聲，接著是殺聲震天，這正是岳飛親自出馬的信號。哈迷蚩聽到這一陣砲響，手腳都軟了，趕緊和兀朮躍上馬，頭也不回，飛也似的逃走了。而那些來不及逃跑的金兵，被岳家軍擄獲了一大半，只能眼睜睜看著自己的主帥，棄他們而去了。

　　岳飛看著兀朮逃離現場，冷冷的笑說：「兀朮以為可以安心溜

走，哈！好戲還在後頭。」原來岳飛早就安排牛皋、王貴、湯懷，率領一支伏兵，隱藏在金兵的退路上，讓兀朮的部隊再嘗一次岳家軍「神出鬼沒」的苦頭。

　　兀朮在建康城外又吃了岳飛一次敗仗，逃命撤退途中又受到牛皋、王貴、湯懷的偷襲，一口氣經過宣化鎮，逃到六和，才安心清點人馬和物資。兀朮發現金兵損失了十分之三的人馬，從江南搶來的財寶也丟了一大半。他回頭張望了半天，確定岳飛沒追上來，才下令大軍停下來，大大的嘆了一口氣，說：「岳飛啊岳飛！看來要是你不死，我大金國就滅不了宋國。」

　　岳飛則在兀朮大軍完全退出江南後，接到了高宗的獎賞，並提升岳飛為通泰鎮撫使。

21 收復襄陽·安定後方

　　兀朮大軍退回江北，但仍對大宋江山這塊「肥肉」不肯死心。只好先占領控制運河的承州、揚州、楚州，等待機會再南下侵犯大宋。

　　岳飛知道兀朮經過幾次敗仗，已如驚弓之鳥，暫時不會再發兵南下，所以就利用這時候，開始掃蕩江南一帶的盜匪，以免金兵再來，讓百姓受到雙重煎熬的苦難。

　　岳飛先肅清了盤據在太湖的大盜楊虎，再收服了鄱陽湖的水寇余化龍。楊、余二人不僅武功高強，而且驍勇善戰，日後都成了岳飛手下的悍將。

　　岳飛雖然平定了長江下游地帶的土匪，但是長江上游，襄陽、漢水一帶的土匪，因為有漢

奸皇帝劉豫在背後支持，造成建康城最大的後患。高宗又命岳飛為荊南制置使，帶兵消滅這批盜匪，收復襄陽城。

岳飛遇到第一個勁敵，是劉豫的部下京超。岳飛知道很多宋軍將領都敗在京超手下，決定用「以匪治匪」的策略，制服京超這個狠角色。岳飛大膽的派出剛被他收服的余化龍擔任前鋒。

余化龍對岳飛說：「元帥，您不怕我臨陣脫逃？」

岳飛笑一笑說：「我既然用你，就一定相信你。」

因為岳飛對余化龍的信任，讓余化龍非常感動，余化龍終於以不怕死的精神，單挑勇猛的京超，一槍就把京超逼死在山崖裡。

岳飛打敗了郢州的京超，繼續向襄陽挺進。此時的襄陽被漢奸李成的十萬大軍占領。但是李

成的部下卻都是一些貪財好色，有勇無謀之徒。聽到岳家軍一到，大家都趕緊收拾財物準備逃命。岳飛派大嗓門的牛皋到襄陽城下喊話：「開門投降者，可免一死，頑抗不從者，只有兵戎相見！」

想不到那一夜，李成的部隊就逃了一大半。李成領著剩下的一半部隊，被岳飛打得落花流水，死的死，逃的逃。襄陽城就這樣被岳飛收復了。高宗又加封岳飛為清遠軍節度使，率軍往洞庭湖，收服了以楊再興為首的水寇。楊再興善用長槍，日後也成了岳家軍討伐金兵的一員悍將。

岳飛這一連串的剿匪勝利，為長江沿岸的百姓帶來了安定的生活。岳飛統兵一向紀律嚴明，軍隊所經過的村落，不准向百姓拿一針一線，所以贏得百姓的愛戴。士卒有疾病，岳飛親自為他

們煎藥；將士被遠調到遠方，岳飛負責照顧他們的家人；對於士兵戰死，岳飛傷心落淚，並撫育他們的孤兒，或者是幫他們的兒女完婚。凡是朝廷對岳飛有所犒賞，岳飛都分送給了軍吏，一點也未曾留給自己。因此，岳飛的部屬對他有如父兄那樣的敬愛。

22 秦檜變節・主張和議

兀朮停駐在承州、揚州、楚州這三個重鎮，一直念念不忘宋朝美麗的江山。但是，一想到戰力超強又不怕死的岳家軍，還是讓他不敢再度南侵，只好繼續等待時機。

「到底有什麼辦法，可以收拾岳飛這傢伙呢？」兀朮整天想著這個苦惱的問題。

機會終於來了，有人向兀朮引見秦檜這個人。

秦檜原來是宋朝的進士，曾做到中丞的大官。當年欽宗在位，金兵圍攻汴京時，秦檜曾經上書皇帝，反對割地給金國求和。他向欽宗說：「金人是不會守信用的，我軍應該全力應戰，保衛大宋的疆土。如果金人派遣使者來，應該防止他們深入朝廷，

以免洩漏了我方的軍情。」

　　雖然，欽宗並沒有聽從秦檜的建議，但是，大家聽了秦檜的話，都認為他是一個大忠臣。

　　金兵第二次攻陷了汴京，俘虜了徽、欽二帝，秦檜也被押送到金國的燕京去。到了燕京成了俘虜的秦檜變了，他不但改變了對金人的態度，而且想盡一切辦法巴結金國的官員。他買通金太宗身邊的人，為他說好話：「只要不要殺我，放我自由，我願意為金國做任何事。」

　　正當兀朮在前線，為如何解決岳家軍而煩惱時，金太宗想起秦檜的用處，說：「如果有人在宋高宗的朝廷做內應，就不怕岳飛的軍隊有多強了。」

　　大臣也對金太宗說：「秦檜這個傢伙可以試試看。」

　　金太宗就把秦檜找來，說：「我如果放你回去家鄉，你要怎

樣謝我?」

秦檜一聽，高興的回答:「只要大王交代的事，我一定努力達成。」

「嗯！好，要是你真的和我大金國配合，我保證你一生榮華富貴，享用不盡。」金太宗滿意的繼續說:「只要你能阻止岳飛打擊我金國部隊，甚至將他毀了，就算報答我了。」

秦檜一聽，知道此事非同小可，但是，想到一生的榮華富貴，也只有硬著頭皮回答:「我一定完成這項使命。」

於是，金國就利用攻打楚州的機會，將秦檜放了。

「秦檜大人逃回來了！秦中丞逃回來了！」臨安城的百姓爭相走告，大家還以為秦檜仍是以前那個忠心愛國的秦檜。

高宗知道秦檜回來，立刻召見他，因為高宗急著想了解金國

那邊的情況。

「愛卿，我想聽聽你的意見，今後，我們該如何對抗金國呢？」高宗問。

秦檜早就知道，高宗是一個聽到金兵就會發抖的皇帝。他向高宗分析說：「金國現在有數十萬大軍，兵強馬肥，如果讓他們再度南下，恐怕我們半壁江山難保。不如我們先和他們和談，把國家內部整頓好再說。」

一心想和談的高宗，聽到秦檜的話，好像遇到了知心人一般，高興得好幾天沒睡覺，立刻升秦檜為禮部尚書，不久又升為副宰相。

秦檜當上副宰相後，本來想盡快阻止岳飛的軍事行動，誰知道這時的岳家軍，正是打遍天下無敵手，軍威正盛。朝廷中的大臣們也因此對主張和談沒什麼興趣。

御史黃龜年就向高宗彈劾秦檜，說：「秦檜只知道提倡和談，這樣下去會影響前方作戰的軍心，要怎樣收回國土呢？」

高宗見到彈劾秦檜的人越來越多，不得已，只好暫時先把秦檜貶為大學士，日後再找機會重用他。

另一方面，岳飛因為屢次立下大功，迫使金兵撤退；又降服了長江上下游的盜賊，重創了傀儡皇帝劉豫的大軍。高宗召見他，親筆寫了「精忠岳飛」的錦旗，賜給岳飛。

岳飛身兼鎮南軍承宣使、江南西路沿江制置使兼神武副軍督統制，此時岳飛才算得到了宋軍統帥的地位。

有一次，高宗問岳飛：「天下什麼時候才能太平？」

岳飛回答說：「只要文官不貪財，武將不怕死，天下就太平

了。」

　這一年，岳飛年僅三十歲。

　岳飛年紀輕輕就有這麼高的
權位，卻一點也不驕傲，反而因
為不能早日收復大宋河山，迎回
徽欽二帝而感到慚愧。他滿心感
慨，寫下了流傳千古的〈滿江
紅〉：

　　怒髮衝冠憑欄處，
　　瀟瀟雨歇。
　　抬望眼，仰天長嘯，
　　壯懷激烈。
　　三十功名塵與土，
　　八千里路雲和月。
　　莫等閒白了少年頭，
　　空悲切！

　　靖康恥，猶未雪，
　　臣子恨，何時滅？
　　駕長車踏破賀蘭山缺。
　　壯志饑餐胡虜肉，

笑談渴飲匈奴血。
待從頭收拾舊山河，
朝天闕。

　　全文的意思是：雨停了，我倚著欄杆，遠望著眼前這片淪陷在敵人手上的國土，憤怒得連頭髮都豎起來，幾乎把帽子都衝掉了。我抬起頭，仰望著天空高聲吶喊，把自己胸中的悲憤發洩出來。唉！三十歲了，自己所建立的功名，像塵土一樣的微不足道；南征北討經過八千里路，只有雲和月陪伴著我啊！不能再浪費光陰了，等到頭髮白了，再悲傷後悔都來不及了！想到靖康年的恥辱還沒有洗刷，作臣子的憤恨，什麼時候才能消除呢？我要駕著兵車，踏破敵人的基地賀蘭山。我有無比的雄心壯志，饑餓了就吃敵人的肉；在談笑中飽喝敵人的血。等我收復了國土，凱

旋回京，向皇上報告勝利的消息。

　　〈滿江紅〉寫出了岳飛忠心報國，堅決殺敵的意志。而「莫等閒白了少年頭」正反映了他內心對江山沉淪不能收復的焦急。

23 嚴母去世・辭官守喪

　　當岳飛收復了襄陽這個軍事
重鎮，大破了金國扶持的漢奸劉
豫部眾，原可乘勝進軍北伐。但
是卻接到高宗的命令:「不可再追
擊，以免引來金兵不滿。」於是，
岳飛在收復了襄陽、隨州、郢
州、鄧州、唐州、信陽六郡後，
就上書辭職，請高宗另外派將領
來接替。但是高宗深怕金兵又渡
江，無人能擋，不准岳飛辭職，
反而命令岳飛屯駐鄂州，把六郡
都歸岳飛管轄。不久，岳飛又在
洞庭湖邊，以短短八天的時間，
剿滅了洞庭湖的盜匪楊欽、楊么
等人，清除了劉豫在長江南岸的
餘孽。

　　岳飛又立下大功回到鄂州，
接到高宗的聖旨，加封他為定國
軍節度使。岳飛加緊在武昌調集

兵馬，一面防範劉豫大軍的反撲，並且積極做北伐收復中原的準備。可是就在這緊要關頭，卻傳來一件壞消息：岳飛母親姚氏病故。岳飛強忍悲痛，立即請了喪假，帶著兒子岳雲趕回江州。

岳飛把母親安葬在盧山，隨即上書給高宗辭職，以便按照古禮為母親守墓盡孝。但是，因為金太宗又命令傀儡皇帝劉豫發兵，侵犯宋的領土，情況十分危急。高宗不准岳飛辭職，並命他擔任京湖宣撫使，負責收復河東，並兼負起指揮河北各路人馬的重任。

岳飛不得已又回到襄陽，馬上派出部下征討各地劉豫的大軍。先是牛皋收復了鎮汝軍；楊再興攻克了河南的長水縣；王貴和郝政也攻下河南的盧氏縣。岳家軍可說是連戰皆捷。金兵和劉豫的部隊被殺得潰不成軍。

這時，岳飛上書向高宗報告：「陛下，臣以為，現在應該利用宋軍的氣勢，進攻金兵的心臟地帶，收復我大宋失土。」只可惜，高宗此時又聽從秦檜建議，沒有採納岳飛的意見。岳飛還是不死心，親自到建康晉見高宗，請高宗准許他率軍向北，收復大宋的失土。高宗仍然沒有答應岳飛的請求，但是，又高升岳飛為「太尉」。秦檜怕岳飛的勢力越來越大，等岳飛一離開建康，就時常在高宗面前說岳飛的壞話：「岳飛的勢力越來越大，恐怕將來對陛下不利。」

沒有主見又怕打仗的高宗，漸漸對岳飛有了戒心，有些重要的任務，也故意不讓岳飛參與。高宗雖然把岳飛的官職升為「太尉」，但是又任命秦檜為「樞密使」，也就是宋朝的軍事主管，處處扯岳飛的後腿。秦檜大力主

張和金兵議和，正符合貪生怕死、眷戀皇位的高宗心意。紹興八年，高宗又把秦檜升為宰相，希望他大力的促成大宋和金國的議和。

岳飛眼看秦檜這個奸臣當道，高宗也無心收復國土，更無法理解他的一片忠心，只好辭去了一切軍職，返回廬山為母親守孝。

「岳飛已經解除一切軍職，回鄉去了。」秦檜暗中通知兀朮。

「哈！太好了！沒有岳飛，宋朝亡矣！」兀朮一聽，大喜過望，立刻展開連番的軍事行動，大軍南下就攻陷了好幾個城鎮，建康城又岌岌可危。劉豫殘留在長江附近的部隊也蠢蠢欲動。高宗看苗頭不對，又趕緊發出金字令牌，徵召岳飛火速趕回，對抗兀朮的大軍。

岳飛接到令牌，知道自己回

去，還是要受到秦檜和一些奸臣的牽制，辦不了什麼大事。岳飛只好向高宗報告，自己必須善盡孝道，不能離開。

高宗眼看金兵就要到來，沒有岳飛出來抵抗不行，又派宰相趙鼎親自到廬山，召岳飛回朝廷。岳飛不得已，又勉為其難離開了廬山回去見高宗。

高宗見到岳飛回到朝廷，好像看到救星一般，說：「愛卿，你快快發兵到江州去，兀术快打過來了。」

身為臣子的岳飛，只能遵命行事。他覺得自己彷彿只是高宗的救火隊，內心實在非常的無奈。

24 出師勤王·
計敗劉豫

兀朮一聽到岳飛又回來了，只好按兵不動，期待秦檜這次能想辦法把岳飛徹底毀了。倒是另一邊的劉豫部隊，被岳飛的部隊又重創得叫苦連天。

劉豫是金國在中原扶持的傀儡政權，宋朝人都叫他漢奸。因為劉豫的部隊每次遇到岳家軍，都被打得落花流水，潰不成軍，所以已經引起金太宗的不滿。岳飛知道了這件事，決定不費一兵一卒，要把劉豫這漢奸除掉。

岳飛交代吉青說：「你想辦法去抓個金兵來，記住，不能傷他！」

吉青當天晚上便抓來了一個金兵，岳飛故意把人關在他營帳旁邊的牢房。

那天晚上，岳飛約好牛皋、

吉青、王貴等幾個將領喝酒，岳飛假裝喝得爛醉說：「你們知道為什麼劉豫的軍隊遇見我們就跑嗎？」

「不就是怕我們岳家軍嘛！」牛皋大聲的說。

「哈哈！你們都錯了，其實那是我和劉豫事先約好的。」岳飛故意說得很大聲。

「什麼？元帥為什麼要這麼做？」吉青問。

岳飛說：「我們的目的就是為了釣兀朮這條大魚出來，來個裡應外合，把兀朮生擒到手啊！當然，事成之後，我答應把長江沿岸都讓給劉豫啊！」

大家聽岳飛這麼一說，都不約而同的稱讚：「原來如此，元帥真是高明啊！」

岳飛一夥人的談話，字字句句都讓隔壁的金兵聽得清清楚楚。

　　第二天，岳飛領兵向兀朮叫戰，而且故意戰敗撤退，兀朮大軍輕易的救回金兵的俘虜。那位被俘的金兵，馬上向兀朮報告他前天晚上聽到的話。兀朮氣得臉都綠了，說：「好啊！劉豫，我大金讓你當個狗皇帝，你還不滿足！」

　　兀朮立刻向金太宗報告，決定不動聲色的廢掉劉豫這個「齊帝」地位。兀朮帶著大軍來到武城，劉豫的兒子劉麟不知道內情，還高高興興的出來迎接，一下子就被兀朮的手下抓起來。兀朮再帶兵衝進劉豫的宮殿，擄走劉豫。做了幾年的「齊帝」，劉豫就這樣莫名其妙的被押到金國的上京，再也回不了中原了。

　　劉豫到死都還不知道是中了岳飛的計呢！

25 宋金和約·喪權辱國

　　岳飛的反間計，讓兀朮北返處理了劉豫的問題，也讓岳飛的軍隊多了整頓的時間。前河間節度使張叔夜的兒子，張立和張用也來投靠岳飛，使岳家軍更壯大。岳飛認為北伐的時機已經成熟了，回到鄂州以後，仍然不停的訓練軍隊，準備揮軍北上救回徽、欽二帝。可是，秦檜一直用花言巧語，鼓吹「和議」的政策，使高宗始終對北伐意興闌珊。

　　岳飛最後忍不住了，和韓世忠聯合寫了一個奏章，請求高宗早日發兵，完成復國的大業。可是，奏章送到朝廷就完全沒有回音。原來奏章到了宰相秦檜那裡，就被壓了下來。秦檜看到奏章裡有批評他的話，對岳飛更是

恨之入骨。

　　紹興九年正月，金國元帥撻懶眼看打不過宋兵，就建議金熙宗和宋朝議和。宋朝則在秦檜的策劃下，和金國訂下了和約。和約最重要的兩條：一是以黃河為界，黃河以北歸金國所管；黃河以南才是宋的領土；二是由金國皇帝封高宗為皇帝，每年向金國進貢銀、絹各二十五萬匹。

　　岳飛對這個和約感到痛心疾首，他立刻從鄂州上書給高宗：「臣以為，這樣一個喪權辱國的和議是不該接受的。請讓臣帶軍收復兩河失土，為國復仇雪恥，讓金國向我大宋俯首稱臣。」

　　高宗看了岳飛的奏書，雖然對岳飛的忠心感到欣慰，但是仍然改變不了他想議和的決心。高宗一想到秦檜在他耳邊說：「欽宗一回來，你就沒皇帝可當了。」他就睡不著覺了。

26 兀朮毀約・再度南侵

　　宋金和議的第二年，金國發生內鬥，主戰派的兀朮除掉了大元帥撻懶和蒲盧虎，掌握了金國的軍政大權，再度領兵進犯宋朝。這一次，金國幾乎是所有猛將都上了戰場，包括了兀朮的女婿夏金吾和孔彥舟、趙榮、葛王褒、韓常、儞瓊等，他們在兀朮率領下，從山東一路攻下陝西、河南各地，所過之處勢如破竹，無人能擋。

　　高宗得到金兵攻來的消息，嚇得渾身發抖，急忙又詔告岳飛率兵抗金。

　　岳飛鬱悶的心情，終於稍微紓解，心想:「皇上議和的夢，終於被不守信用的金人毀了，我收復中原的志願終於要實現了。」

　　岳飛立刻派出張顯、郝政率

兵攻打順昌府；又派牛皋、楊再興、王貴等人正面迎戰來犯的金兵。不到幾天，岳家軍就收復了鄭州、陳州、潁昌、洛陽，岳飛的旗幟又飄揚在這些城郡上，老百姓歡欣鼓舞，奔相走告說：「岳元帥回來了！岳元帥回來了！」

很快的，岳飛大軍已經推進到敵軍的眼前——郾城。

兀朮的大軍再度南侵，又吃了岳飛的敗仗，很不甘心，決定在郾城和岳飛決一死戰。第一天，年紀輕輕的岳雲出陣和兀朮挑戰，想不到兀朮竟敗戰而回。

第二天，兀朮動用了三匹馬連在一起的「拐子馬」。起初岳飛的部隊被拐子馬殺得死傷慘重。後來岳飛叫步兵手持麻札刀和藤牌，屈蹲身子砍斷敵軍的馬腳，這一次，金兵的拐子馬被岳飛的部隊殺得大敗而逃。

兀朮連番吃了岳家軍的苦

頭，只好掉頭轉攻臨潁和潁昌兩郡，想不到岳飛早就命楊再興等在那兒，楊再興的長槍軍打得兀朮軍隊落荒而逃。兀朮的女婿夏金吾和愛將粘罕也被岳雲所殺。兀朮邊打邊逃，望著岳家軍的陣容，不禁大嘆：「唉！果真是撼山易，撼岳家軍難！」

27 十二金牌・逼迫班師

　　兀朮捲土重來，原以為大宋江山唾手可得，哪知道岳飛又即時回朝，讓他連吃了幾回的敗仗，連最屬害的拐子馬也被岳飛破了。兀朮暗暗罵道：「這秦檜得了我們的好處，為什麼至今還不將岳飛這個麻煩處理掉！」

　　兀朮領軍一直退到朱仙鎮，心想：「如果連朱仙鎮也被岳飛奪回去，汴京也跟著危險，難道這一半江山又要歸還宋朝不成！」

　　於是，兀朮又調來十幾萬的兵馬，決定不讓岳飛通過朱仙鎮。哪知道用兵如神的岳飛一到，不到幾天，又把金兵打得死的死，逃的逃。兀朮只好領軍退回宋朝的舊都──汴京。

　　岳家軍終於渡過黃河，收復了河北不少的城鎮。岳飛又派梁

興、董榮、孟邦傑等將領，掃蕩附近金兵殘留的勢力。北方的百姓看到岳家軍「岳」字旗號，都興奮得掉下淚來，因為自從宋室南遷，這些宋朝的百姓已經好久沒看過宋朝的軍隊了。各地抗金的民兵游擊隊，也紛紛出來歸附在岳飛的陣容裡。

岳飛登上高樓，遠望北部的山河，他知道收復大宋的江山就只差一小步。只要再繼續推進，岳家軍就可以收復汴京，迎回徽、欽二帝的希望就要實現了。但是，岳飛絲毫沒想到，他的夢想越接近，危機也如烏雲一般，漸漸的籠罩在他頭上了。

高宗一聽到岳飛渡過黃河，逼近汴京，受到百姓的愛戴與歡迎，心裡很不是滋味。岳飛的表現讓他感到地位受到威脅，秦檜又不時的在他耳邊說:「要是岳飛迎回徽、欽二帝，陛下您就不能

繼續當皇帝了。」

　　秦檜不希望岳飛得勝，高宗也不希望岳飛繼續北上。於是，高宗一面要秦檜向金人求和，一面下詔，要岳飛班師回朝。

　　岳飛眼看就要把金兵徹底趕出關外，卻接到收兵的詔書，他很激憤的上書，請求進攻汴京。秦檜早就預料岳飛會拒絕撤兵，竟然請高宗在一天之內，發出十二道金牌，命令岳飛立刻回朝。

　　岳飛接到金牌，知道高宗的心意已決，仰天長嘯，大嘆說：「十年來沙場上的辛勞，真的要這樣毀於一旦嗎？」

　　岳飛知道自己一旦撤兵，所有的努力都將前功盡棄；若不撤兵，又是違抗君命，會被當成叛逆。岳飛忍不住痛哭失聲，身邊的將士也都跟著淚流滿面。

　　各地百姓知道岳飛在十二道金牌的壓力下，準備撤兵，都堵

在城門口，要求岳飛不要走，因為岳飛一走，他們又要遭到金兵的蹂躪了。

「元帥，這段時間來，我們支援官兵糧草，金兵早已經把我們當作叛徒。現在元帥一走，金兵一定不會放過我們的。」老百姓跪在岳飛面前哀求。

岳飛看見百姓這個樣子，心裡痛苦萬分。無可奈何的他，終於想出一個辦法。岳飛對百姓們說：「皇上要我走，我不能不走，但又不能拋下各位不管。我就給大家五天的時間準備，你們願意跟我到南方去的，我會負責大家的生活和安全。如果不願意走的，岳飛也只能對大家說抱歉了。」

五天後，這些願意跟著岳家軍走的百姓，扶老攜幼，連綿十幾里的隊伍，在岳家軍的護衛下，一路向南方出發。岳飛則頻

頻回首，望著大好河山，又要淪
落到金人手中，想到留在北方的
那些百姓的命運，一串串的英雄
淚，忍不住流了下來。

28 奸佞當道‧忍痛辭官

兀朮聽說岳飛已經率軍走了，忍不住拍掌叫好：「哈！岳飛你這一走，北方又回到我大金手上。你回到趙構和秦檜那些人身邊，必死無疑！」

於是，兀朮立刻又派兵，攻占了潁昌、陳州、蔡州、鄭州、洛陽等地。

岳飛回到了武昌，聽到北方各郡又淪陷在兀朮手中，只能忍受揪心之痛，對於北伐大業，早已心灰意冷。岳飛就向高宗皇帝上書，請求解除兵權，準備回鄉去，做個普通的老百姓。可是很詭異的是，不讓岳飛帶兵打仗的高宗，卻不准他辭官，又召集他到京城臨安。

高宗召見岳飛，還一直誇他：「岳卿，朱仙鎮那一仗，聽說

你打得非常漂亮，真是辛苦你了。」

岳飛聽了，知道高宗只不過是在敷衍他，只能淡淡的回答說：「謝皇上誇獎，這本來就是身為大宋臣子該做的事。」

岳飛在高宗面前對於自己的戰功，隻字不提。一場沉悶無聊的君臣相見，也匆匆結束了。

想不到，紹興十一年（1141年）三月，兀朮又領兵攻打到了盧州。貪生怕死的高宗，只好又連下了好幾道命令，命令岳飛出兵抵抗。

岳飛又帶著岳家軍，急急的趕赴盧州。金兵一聽岳家軍又來了，早就逃之夭夭了。兀朮不想和岳飛正面迎戰，只好掉轉方向攻破了濠州。高宗又命令岳飛率軍救援，兀朮又帶著金兵渡過淮河逃走了。

秦檜看到岳飛又連連出擊，

深怕朝廷又恢復了岳飛的地位，更怕遭到兀朮派人責備，趕緊向高宗建議，召回韓世忠、張俊、岳飛等幾位前線作戰的將領。表面上是升他們為樞密使（岳飛為副樞密使），真正的目的卻是剝奪了他們的兵權。張俊早就和秦檜勾結，就先交出兵權，韓世忠和岳飛也只好把兵權交出。不過，每次高宗遇到危急時，還是會派岳飛和韓世忠帶兵幫他解圍。

秦檜又祕密的把張俊找來，要他聯合岳飛，瓜分韓世忠的軍隊。等到除去抗金名將韓世忠之後，再來剷除岳飛這個心頭大患。

韓世忠所率領的「淮東軍」，和「岳家軍」同樣是讓兀朮吃盡苦頭，驍勇善戰的抗金部隊。當張俊和岳飛在鎮江，一起校閱韓世忠的部隊時，就對岳飛

提議瓜分韓世忠的部隊。岳飛知道韓世忠是一個忠臣，對張俊說：「韓世忠的淮東軍是抗金的菁英部隊，你怎麼可以有這樣的想法！」

張俊被岳飛當面拒絕，從此對岳飛懷恨在心。

當張俊和岳飛帶兵到了楚州。楚州的軍吏景著懷疑，張俊和岳飛想要瓜分韓世忠的部隊，就向他的上級長官胡紡報告；胡紡就緊急的向朝廷報告。想不到這份報告被秦檜先看到，就搶先一步把景著逮捕。

秦檜派人對景著說：「只要你向朝廷舉發韓世忠打算反叛，就升你的官。」

岳飛知道了這件陰謀，連夜寫信給韓世忠，要韓世忠防備，不要讓奸臣所害。韓世忠一知道這消息，趕緊去晉見高宗，向高宗表明自己對大宋絕無二心。

高宗知道這件事，非常驚訝，問秦檜：「韓將軍對我忠心耿耿，為什麼有人要告他會背叛大宋？」

秦檜知道事跡敗露，只好對高宗支吾其詞，應付過去。事後秦檜問了張俊，才知道是岳飛通知韓世忠，壞了大事，兩人對岳飛就更加憎恨了。

而另一方面，兀朮對秦檜辦事不力，已經失去了耐性。兀朮派人送密信給秦檜，要秦檜一定要盡快除掉岳飛。

秦檜接到密信，心裡更是緊張：「岳飛不除，不但我的地位受到威脅，更讓我無法對大金國交代。」

於是，秦檜就唆使＊右諫議大夫万俟卨上書彈劾＊岳飛，說岳飛在淮上駐軍，又按兵不動，不僅怠忽職守，而且可能有異心。

　　接著，秦檜又唆使御史中丞何鑄、侍御史羅汝楫彈劾岳飛，說他態度傲慢，目無君上。

　　岳飛知道了秦檜這些奸臣，在高宗面前說盡他的壞話，感慨的說：「唉！是非不分，忠奸不明，我還留在朝廷做什麼！」

　　於是岳飛向高宗遞出辭職書，想不到高宗連一句挽留的話也沒說。岳飛這才知道，高宗已經完全聽信了秦檜這班人的讒言了。

＊唆使　指使他人去做事。
＊彈劾　對違法失職的官員提出控訴。

29 被誣謀反・身陷囹圄*

　　岳飛辭官回到了廬山，可是秦檜仍然決心斬草除根，竟然和張俊串通，想要收買岳飛的部下來誣陷岳飛。他們第一個找到了王貴，但是王貴跟隨在岳飛身邊十幾年，深深的知道岳飛對大宋的忠心，就拒絕了張俊的要求。

　　秦檜和張俊又找上了張顯的部下王俊，要王俊誣告張顯和岳飛意圖謀反。不久張俊就逮捕了張顯和岳雲，要他們承認岳飛造反的事實。可憐的岳雲和張顯兩人，被打得死去活來，仍然不肯認罪。張俊眼看刑求無效，只好捏造了一份假的口供，交給了秦檜。秦檜得到了這份假口供，如獲至寶，趕緊呈給高宗，請高宗

立刻下旨逮捕岳飛。

　　高宗看到了這份口供，內心掙扎了好久，不敢立刻做決定。高宗心裡也很清楚，岳飛一心要北伐滅金，都是為了復興大宋；但是，另一方面，又怕岳飛真的北伐成功，迎回徽、欽二帝，那麼自己皇帝的位子就沒了。更何況，全國百姓對岳飛那麼愛戴，要是有一天，岳飛真的危及到自己的地位怎麼辦？

　　秦檜早就摸清楚高宗想殺岳飛又不敢殺的心理。當高宗還在猶豫不決時，秦檜早就暗中假傳聖旨，派楊沂中到廬山把岳飛逮捕回京。

　　秦檜派御史中丞何鑄和大理寺（司法機關）的周三畏負責審問岳飛。

　　岳飛進了大理寺，心裡已經很清楚，這一切都是陰謀，甚至是高宗有意縱容的陰謀。當周三

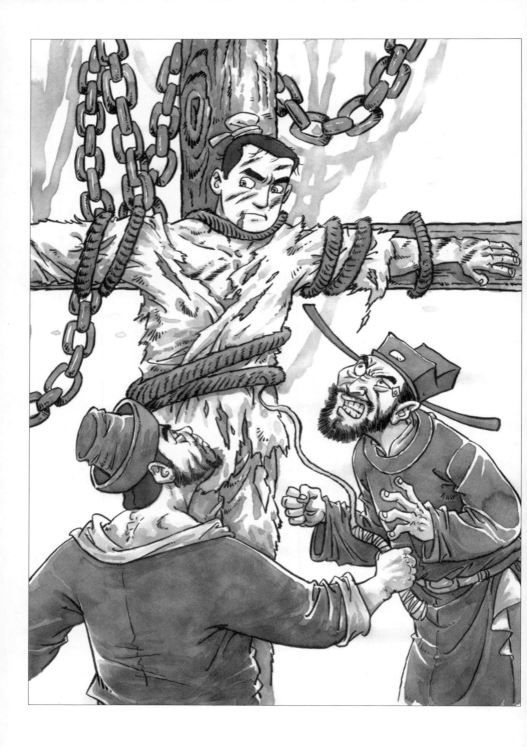

畏才開始問話，岳飛就扯開他的上衣，正義凜然的說：「我一顆心，對得起天地、對得起大宋！」

何鑄和周三畏仔細一看，岳飛的背上「盡忠報國」四個大字，震動了兩人的心靈。何鑄雖然也是秦檜的黨羽，但也被岳飛悲壯的精神感動了。而周三畏一看這個案子，已經明白這是一場奸臣要害死忠良的醜劇，打死他也不願意充當一個陷害岳飛的幫凶，為自己留下千古的罵名。於是，他回到家裡，趕緊交代家人收拾行李，攜家帶眷，連夜逃出臨安城，隱居到鄉間去了。

秦檜沒有料到，竟然沒有人敢辦岳飛這個案子，就想到了最心狠手辣的万俟卨。万俟卨早就知道秦檜一心要除掉岳飛，所以，一接到這個案子，就以嚴刑拷打岳飛、岳雲、張顯等人。誰知這幾個都是慣戰沙場的英雄好

漢，万俟离用盡了一切手段還是逼不出口供來。

秦檜看万俟离還是辦不成事，深怕夜長夢多，就叫万俟离假造岳飛等人祕密謀反的證據，趕緊將岳飛等人定罪送上刑場。

就在岳飛被捕的時候，韓世忠正好也在朝廷當樞密使。韓世忠聽到岳飛被捕的消息，立刻去找秦檜，責問他：「岳飛到底犯了什麼罪？」

秦檜卻只是輕描淡寫的回答說：「岳飛暗中聯繫張顯造反的事，雖然還沒找到證據，不過，這證據是莫須有的。」

韓世忠一聽，氣憤的說：「一個對國家這麼忠心的將領，竟然用『莫須有』三個字，就要入他於罪，這叫天下人怎能心服！」

韓世忠的仗義執言，對這些奸臣絲毫起不了什麼作用。他已明白秦檜之所以敢這樣膽大妄

為，就是因為背後有一個昏庸的
皇帝。不久，韓世忠看朝廷奸臣
當道，就辭去官位，到西湖隱居
了。

30 奸臣聯手·
忠魂殞滅

　　岳飛自從紹興十一年十月被捕入獄，因為堅決不肯低頭招供，案子一直拖到十二月底，沒有解決。這時，全國百姓知道岳飛被冤枉的消息，紛紛上書朝廷，為岳飛伸冤。但是，這些書信卻一一被秦檜攔截下來。秦檜看到百姓這麼擁戴岳飛，也心生顧忌，不敢貿然殺了岳飛。

　　有一天晚上，正當秦檜又看著百姓的陳情書，大感苦惱時，被秦檜的妻子王氏看見了，王氏一手接過了那些陳情書，看了內容，笑著說：「你再不趕快解決岳飛的性命，萬一這些百姓的聲音形成一股浪潮，讓皇上改變了主意，到時候死得很慘的就是你。」

　　秦檜一聽，好像大夢初醒，知道事情的嚴重性，趕緊連夜寫

了一封密函，派人送去給万俟
卨。秦檜在密函內交代万俟卨立
刻在當天晚上，處決岳飛、岳雲
和張顯三個人。

一心想邀功的万俟卨，接到
密函，馬上將岳飛等三人押到大
理寺的風波亭，毫不猶豫的把三
人處死了。岳飛冤死於秦檜等人
之手，正是壯年的三十九歲。

岳飛被害之後，秦檜連岳飛
的家屬也不放過。不但把岳家所
有的家產查封，還把岳飛的妻子
和他的四個兒子：岳雷、岳霖、
岳震、岳霆，放逐到遙遠的嶺南
去。

岳飛在漢奸秦檜的誣害下，
犧牲了性命，百姓知道了岳飛的
死訊都十分悲痛。但是，大家只
能痛恨施加毒手的秦檜和万俟
卨，對於在背後縱容秦檜的宋高
宗，卻敢怒不敢言。直到高宗去
世，孝宗即位，宋朝的百姓為了

紀念岳飛，另外在杭州西冷橋岳王墳邊，建造了一間莊嚴肅穆的「岳王廟」。

而那四個害死岳飛的大奸臣：秦檜夫婦、万俟卨和張俊，則被後代的人鑄成四尊銅像，跪在岳飛的墳墓前懺悔。所以，很多來到岳飛墳前憑弔的人，看到這四尊銅像，都會忍不住激動的情緒，對他們吐口水，甚至拳打腳踢。

唉！「青山有幸埋忠骨，白鐵無辜鑄佞臣」。聽說，四個奸人的銅像因為被打壞，又重新鑄造六次了＊。

只是，任憑後代的人如何的憤恨難消，也喚不回一代名將的精忠英魂啊！

＊傳說秦檜的子孫到杭州來當官，曾叫人偷偷的把銅像搬走，丟進西湖裡，西湖的湖水竟然一夜之間就變臭。可見這些奸臣真的遺臭萬年。

後　記

　　因為金朝規定宋高宗不能無罪就將宰相去職，所以秦檜前後擔任宰相十八年（可見金朝對秦檜的喜愛）。這十八年間，秦檜把持了國家大政，亂加稅賦，使很多百姓因而家破人亡，南宋的國力也更加衰弱不振。秦檜因為作賊心虛，所以排除和自己意見不合的人，只要主張抗金的官員，都被貶斥。他害死了岳飛，深怕百姓批評，所以篡改官史，獎勵歌頌他的詩文。尤其怕百姓又提起岳飛的名字，甚至把「岳陽」這個地名，改成「純州」。

　　紹興二十五年，秦檜病死，宋高宗還賜給他「忠獻」的諡號＊（可見秦檜這大奸臣是多麼獲得高宗的歡心）。反而是岳飛的名譽遲遲未能獲得平反。直到

紹興三十二年，高宗退位，孝宗即位，才恢復了岳飛原來的名譽和職位。並追封岳飛為「鄂王」，賜給他「武穆」的諡號。所以後代的人都尊稱岳飛為「岳武穆」。而大奸臣秦檜，則在宋寧宗時，被改諡為「繆醜」，讓他後代子子孫孫永遠蒙羞。

放大鏡

＊諡號　就是皇帝依照死者生前的事跡，所賜給臣民的稱號。宋高宗會賜給秦檜「忠獻」的諡號，表示他認定秦檜是一個對他盡忠的臣子。宋寧宗時，改諡秦檜為「繆醜」，就是認為秦檜是一個犯下嚴重錯誤、極為醜陋無恥的人。

1103 年	出生於相州湯陰縣。
1116 年	拜周侗為師。
1119 年	與縣長之女李華結婚。第二年，長子岳雲出生。
1122 年	與同門王貴、湯懷等人應募為兵，並成為新兵的隊長，後帶領百人新兵收服盜賊。
1126 年	金兵攻破汴京，擄走徽、欽二帝及皇族三千多人，宮中珠寶亦被搜括一空。岳飛隨劉韐拜見康王趙構，並奉康王之命收服以吉青為首的盜賊，這群人就是後來的岳家軍。
1127 年	趙構在應天府登基，是為宋高宗。岳飛率領岳家軍跟隨宗澤和金兵作戰，以八百精兵擊退了幾千金兵，成為全國的大英雄。後因主和派之讒言，被高宗革職。

1128 年 　再度被朝廷起用。於竹蘆渡和金兵對峙三天三夜,後以計
　　　　　使金兵撤退。

1129 年 　以八百子弟兵大敗王善、曹成、孔彥為首的賊兵。金兵強
　　　　　大的部隊一波波向南推進 , 岳飛一路保護朝廷繼續向南
　　　　　撤退,而於八盤山、廣德境內大敗金兵。

1130 年 　宜興一帶,以郭吉和張威武為首的盜匪趁機作亂,岳飛派
　　　　　王貴收服郭吉部眾,他則親手殺了不肯降服的張威武,宜
　　　　　興一帶盜賊從此絕跡。後收復建康,再次擊敗兀朮。

1131 年 　擊敗了長江沿岸的盜匪,贏得百姓愛戴。

1133 年 　高宗欽賜「精忠岳飛」的錦旗。

1136 年 　母親姚氏病故,岳飛上書請辭,但高宗不許,反任命他為
　　　　　京湖宣撫使。

1137 年　積極準備北伐，但高宗和秦檜卻加緊議和，於是岳飛辭去
　　　　　一切官職，返回廬山為母親守孝，但是金兵又南下犯宋，
　　　　　高宗再次召岳飛抗金。

1139 年　宋與金和談，岳飛痛心疾首。

1140 年　金兵再次南侵，所到之處勢如破竹，高宗又召岳飛抗金，
　　　　　岳飛不到幾天就收復了鄭州、陳州、潁昌、洛陽，更渡過
　　　　　了黃河，但是秦檜不希望岳飛得勝，高宗也不希望岳飛繼
　　　　　續北上，於是一日用十二道金牌召回岳飛。

1141 年　10 月，被捕入獄；年底於大理寺風波亭被處決，年僅三
　　　　　十九歲。

獻給孩子們的禮物

「世紀人物100」

訴說一百位中外人物的故事

是三民書局獻給孩子們最好的禮物！

◆ 不刻意美化、神化傳主，使「世紀人物」
　更易於親近。

◆ 嚴謹考證史實，傳遞最正確的資訊。

◆ 文字親切活潑，貼近孩子們的語言。

◆ 突破傳統的創作角度切入，讓孩子們認識
　不一樣的「世紀人物」。

 兒童文學叢書

每個孩子都是天生的詩人

您是不是常被孩子們千奇百怪的問題問得啞口無言？
是不是常因孩子們出奇不意的想法而啞然失笑？
而詩歌是最能貼近孩子們不規則的思考邏輯。

小詩人系列

 現代詩人專為孩子寫的詩

 豐富詩歌意象，激發想像力

 詩後小語，培養鑑賞能力

 釋放無限創造力，增進寫作能力

 親子共讀，促進親子互動

國家圖書館出版品預行編目資料

鵬舉的忠魂：岳飛 / 廖炳焜著;杜曉西繪.－－初版三
刷.－－臺北市：三民，2011
　　　面；　公分.－－(兒童文學叢書／世紀人物100)

　　ISBN 978－957－14－4371－3　(平裝)

　　1.(宋)岳飛－傳記－通俗作品

782.852　　　　　　　　　　　　　　　　　95025553

© 鵬舉的忠魂：岳飛

著 作 人	廖炳焜
主　　編	簡　宛
繪 　者	杜曉西
發 行 人	劉振強
著作財產權人	三民書局股份有限公司
發 行 所	三民書局股份有限公司
	地址　臺北市復興北路386號
	電話　(02)25006600
	郵撥帳號　0009998-5
門 市 部	(復北店) 臺北市復興北路386號
	(重南店) 臺北市重慶南路一段61號
出版日期	初版一刷　2007年1月
	初版三刷　2011年7月修正
編　　號	S 781330

行政院新聞局登記證局版臺業字第○二○○號

有著作權‧不准侵害

ISBN　978-957-14-4371-3　（平裝）